古典的别择

张巍 著

上海文艺出版社

目 录

弁言 1

第一篇
德意志与古希腊的"爱之纽带" 3
现代古典学的精神本原与使命

第二篇
语文学向哲学的转化 73
尼采重估"荷马问题"

第三篇
"力争第一义" 123
青年王国维与古希腊美学和诗学

第四篇
"识者自知之" 183
周作人与古希腊神话的相遇

弁言

　　每一位有志于学的青年，面临的重大人生选择是成为他自己。许多人走上了学问之路，就以为做出了与众不同的选择，只需随着惯性一路向前，走向学问的深处。其实，他们根本没有面对那个重大的人生选择，因为他们不过是从一个人群里退出，加入另一个人群，一个所谓的学术共同体。与前一个人群相比，虽然数量少得多，但依旧是一个人群，与任何人群的利益诉求没有本质上的差别。只有从这个人群里抽身而出，孤独地面对自己，人生选择的时刻才会真正到来；当他们义无反顾地选择成为自己，人生的别择才真正地发生。所谓"别择"，非常人之选择也，少数人、独行者之选择也。

　　本书讲述的是一些独行者对古典的别择。他们走上各自的学问之路，却没有随着惯性一路向前，不愿亦步亦趋跟从受到现代精神宰制的正统古典学术，反而对古典精神情有独钟，要独辟蹊径寻索真正的古典精神，并在这个过程中成为自己。无论是秉持"爱希腊主义"来抗衡历史主义古典学，还是提倡"语文学向哲学的转化"来反对历史语文学，无论是汲引古希腊的诗性精神展开大背于传统的"中西化合"，还是借助古希腊神话和神话思维引领离经叛道的"杂学"，这些独行者都实现了自己的人生别择，并且也为他们各自所属的文化做出了别择。

第一篇

德意志与古希腊的"爱之纽带"

现代古典学的精神本原与使命

一

西方后世对古希腊文化的热爱与推崇,通称Philhellenism,"爱希腊主义"。(西文里该词有广义和狭义之分,广义即此处的含义,狭义指十九世纪希腊独立战争时期,欧美各国为支持希腊而发起的一场政治和文学运动,可译作"亲希腊主义",以示区分。)古典学正是"爱希腊主义"的产物。古希腊乃古典学的根本,无论古代的古典学(亚历山大里亚)还是现代的古典学(十八世纪下半叶以降),其实都源于某种"爱希腊主义"。因此,若欲探究古典学的精神本原,就要从"爱希腊主义"入手。

西方历史上的"爱希腊主义",最具代表性的模式大抵有三种。第一种是亚历山大里亚模式(鼎盛于公元前三世纪至前二世纪),主要从学术上传承和研究古希腊的经典著作——亚历山大里亚的学者和诗人仰慕古典文化,但他们从文化上、政治上乃至语言上都与古典时期存在某种断裂,他们传承和研究古代经典,一定程度上弥补了断裂,开创了希腊化时期的尚古文化。第二种是罗马模式(鼎盛于公元前一世纪至一世纪),罗马人并不看重学术研究和传承,而是要把希腊文化占为己有——罗马本来与希腊文化没有关联,随着国力壮大和连年征伐,希腊也被纳入其版图,罗马人与希腊人处于征服者与被征服者的关系,而文化上罗马人反倒被希腊(包括希腊化时期和古典时期的文化)征服,后来又用自己的方式,借助摹仿(imitatio)和超迈(aemulatio),占有了希腊文化,创造出属于自己的罗马文化。最后一种是德意志模式,纵览整个西方历史,热爱希腊文化,既重学术研究和传承而又创造出辉煌的本国文化者,莫过于德意志——1750年至"二战"的两百年间,德意志超越亚历山大里亚和罗马,跃居"爱希腊主义"的翘楚。

不同于亚历山大里亚的"传承模式"和罗马的"占有模式",德意志的"爱希腊主义"源于一种"爱欲模式"。那是一种带来根本性改变的"爱欲",出自爱者(Germania)和被爱者(Hellas)精神上的"亲和力",由此导致灵性上的结合,带来爱者精神上的升华与救赎。此种模式基于两性之间的爱欲,而非无(关)性别的"对象之爱"(如友爱、父母之爱、兴趣爱好)。犹如柏拉图意义上的 philo-sophia,"对智慧之爱"必定上升到"爱欲"(Eros)的境界,以"智慧"为唯一与最高的欲求目标,从精神上与之结合,彻底改变爱者的存在状态和生存方式;"德意志模式"的"对希腊之爱",同样要上升到"爱欲"的境界,以"希腊"为欲求目标。理想化了的"爱欲"成为"自我发现"和"自我提升"的动力。"爱欲"的对象是"希腊人"(Hellenes),或者更确切地说是 Hellenismos。这个概念指称希腊的文化精神和生活方式,突出其整体性和独特性,在古代主要与 Christianismos(基督教的文化精神和生活方式)以及 Joudaismos(犹太教的文化精神和生活方式)形成对比,前者德语化为 Griechentum,后两者分别德语化为 Christentum

和 Judentum。真正的"对希腊之爱",一方面要探索 Hellenismos(或 Griechentum)的奥秘,也就是从整体上把握古希腊文化的精神特质,另一方面又要依凭"爱欲",与之缔结"爱之纽带",发生精神上的交合,改变"爱者"自己的精神本质。

歌德《浮士德》第二部的"海伦剧"惟妙惟肖地演绎了这一模式,将之寓于浮士德对海伦的招魂,去古希腊寻找海伦,与她相遇、结合、生子的故事情节。海伦成为整个希腊文化及其精神特质的化身,代表希腊人的美,因为希腊人乃迄今为止最美的人的类型,希腊人对美的追求也是迄今为止最高程度的追求,海伦因而象征美的最高理想。浮士德则代表渴望精神救赎的德意志人,正在形成中的德意志文化,是最高理想的追求者。他要缔结与海伦的"爱之纽带",要"以无比渴慕的力量,让那独一无二的形象重现生机"(《浮士德》第 7438—7439 行),而后与之结合。他必须从整体上把握海伦的精神与个性,像痴迷的爱者追求理想的女性或化身为女性的理想那样,通过爱欲带来的结合，让美的理想救赎自己。

最初，德意志模式的"爱希腊主义"经由对古希腊的理想化，成为后起的德意志民族建构文化身份的重要手段，与法兰西所代表的当时最先进的拉丁文化相区分和抗衡。为了从所有"以希腊为中心"（hellenocentric）——即奉希腊为"本原"——的现代欧洲民族当中脱颖而出，一种与古希腊文化的亲缘性被勾画出来（体现在语言、民族性格以及政治分裂而文化统一等许多方面），此种亲缘性让德意志文化得天独厚，赢获对古希腊文化精神特质的深刻把握，从其源头活水来滋养德意志民族文化。不过，德意志模式"爱希腊主义"的历史延续了整整两百年，远远超出最初的文化构建和身份认同的功能——它激励一代又一代的文化精英创造出堪与鼎盛时期的希腊古典文化媲美的近现代德国文化，超越其他现代欧洲文化，成为整个西方文化的引领者。

诞生于十八世纪中后叶德意志文化圈的现代古典学，起先也是德意志模式"爱希腊主义"的产物，服务经由古希腊重振德意志的总体目标。

然而，由于十九世纪历史主义的勃兴和胜利，现代古典学也逐步脱离德意志的"爱欲模式"，历史主义"无爱寡欲"的"纯学术"的客观研究成为主流和正统，而维系于"爱之纽带"的古典学路径反倒沦为边缘。可是，恰恰在德国，边缘的努力直至"二战"不绝如缕。回顾德意志"爱希腊主义"的源起和兴衰，将敦促我们用更加开阔的视野看待狭义的现代古典学，认清其局限性和趋时性，反思古典学的精神本原和精神使命，让古典学术重归古典精神。

二

十八世纪中叶，温克尔曼（Johann Joachim Winckelmann, 1717-1768）首开德意志"爱希腊主义"的风气之先，他最早对"古希腊文化整体"进行把握，借助艺术作品的分析深入其精神特质，用他的"整体艺术史"奠定了现代古典学的精神本原。

温克尔曼发表于 1755 年的纲领性论文《有

关绘画与雕塑艺术对希腊作品进行摹仿的思考》(*Gedanken über die Nachahmung der griechischen Wercke in der Mahlerey und Bildhauer-Kunst*),响亮地提出"让我们成为独一无二、无法摹仿的唯一一条道路,就是去摹仿古人,尤其是古希腊人"以及"体现于希腊雕塑的高贵的单纯与静穆的伟大,同样也是最好时期的希腊文学的真正特征"的著名论断。这一声呐喊石破天惊,决定性地把"美学范式"从当时占据主流位置的罗马转向希腊,开始让德意志人摆脱对法国所代表的拉丁文化的崇尚。

九年后,他的划时代巨著《古代艺术史》(*Geschichte der Kunst des Alterthums, 1764*) 首次系统地研究整个古代世界的造型艺术。温克尔曼从埃及开始,经由腓尼基、波斯、伊特鲁里亚及其周边民族,最终来到希腊和罗马。他对古希腊人的艺术作品尤其是雕塑和建筑中体现的"古典理想"推崇备至,奉为从埃及到罗马的整个古代艺术进程的顶峰。因为古希腊艺术不同于其他古代艺术,是对完美自然的摹仿,是对"普遍之美"的表现，达到了自然之美与艺术之美的和谐统一。《古代艺术史》揭示了艺术与文化、艺术精神与文化精神之间的密切联系。艺术最鲜明、最直观地彰显一种文化的精神特质，将之凝聚为一个整体。每一种文化的艺术都经历了起源、成长、鼎盛、衰变和没落这几个阶段，从中可以发现该文化的整体精神历程。

古希腊雕塑的四种风格的嬗变，即公元前五世纪中叶以前古风时期的"朴拙僵直"风格、前五世纪后半叶古典鼎盛期的"雄浑崇高"风格、前四世纪古典晚期的"优美典雅"风格以及希腊化时期的"摹仿"风格，构成了温克尔曼古希腊艺术史的叙述主线，也同样体现出古希腊文化精神的发展和变化。洋溢于鼎盛时期的古希腊艺术作品尤其是雕塑和建筑中的文化精神，可以用"高贵的单纯与静穆的伟大"来概括，这就是古希腊人所创造的"古典理想"。它既是一个特定的历史时期（即希腊的古典时期）的产物，因此需要通过对古希腊艺术的兴起与衰落进行历史性的重构才能充分理解，同时又是一种"理想"，是超越其所属的历史时期供现代人摹仿的最高典范。对温克尔曼而言,"古典理想"的"历史性"与"典范性"这两种因素互相制约,但前者服务于后者,古代艺术史对"古典理想"的"历史性"重构,是为了突出古希腊文化的这一精神特质,显扬它超越一切时代的"典范性"。

由温克尔曼倡导的"古典理想"一呼百应,广泛影响了当时一大批德意志文化精英,包括莱辛、维兰德、赫尔德、歌德和席勒等在内,都与他应和或辩驳,形成了一股轰轰烈烈的时代思潮,史称"新人文主义"。有别于十四至十六世纪文艺复兴时期重罗马的人文主义,德意志的"新人文主义"奉古希腊为典范,具有强烈的"爱希腊主义"特征。它的根基有三:一是古希腊罗马(即受希腊影响的罗马)的古典文化从整体上而言优于基督教文化,所谓的古希腊罗马"异教"文化应当摆脱基督教人文主义的驯化,与基督教文化彻底脱离,成为与之抗衡的一股生机勃勃的力量。这是对文艺复兴人文主义的超越。二是古典文化内部,古希腊文化不同于且从整体上而言优于罗马文化，这是德意志"爱希腊主义"的根本信念。三是要汲取古希腊精神里独一无二的优胜之处，用它来形塑德意志精神，这是德意志"爱希腊主义"的最终诉求。

受到"新人文主义"时代思潮的鼓舞，有一位青年才俊立志超越温克尔曼，不局限于古希腊艺术，而要把古希腊艺术纳入对整个希腊文化的研究，创建一门古代研究的全新学科，此人便是沃尔夫（Friedrich August Wolf, 1759–1824）。他选择的路径是古典语文学，从古典文本的考订和阐释来揭示古典文化的精神特质。沃尔夫的古典语文学和温克尔曼的古代艺术史相得益彰，共同探寻"古典理想"，构成"新人文主义"的两股主要力量。

1777 年 4 月 8 日，年方十八的沃尔夫到哥廷根大学登记入学，执意注册"语文学专业"（studiosus philologiae），尽管"语文学"并非当时大学的系科之一。他或许不是如此行事的第一人，但鉴于他日后取得的巨大成就，这个日期被赋予象征意义，成为现代古典学的诞生之日，沃尔夫也被奉为现代古典学之父。沃尔夫的首创之功在于从思想上解放"古典语文学",让它摆脱神学的枷锁,取得自主的地位。因为当时所谓的"语文学"（philologia）,还是附庸于神学的一门技术性的辅助学问,主要服务神职人员的教育。虽说文艺复兴时期的人文主义者已经让罗马文学逐渐从拉丁语的教学中脱离出来,不再为教会的神学教育服务,成为人文学者独立研究的对象,沃尔夫却要进一步地让希腊语言和文学从拉丁语言和文学的附属地位中脱离出来,让希腊语言和文学主导之下的古典语文学成为独立于神学且与之媲美的一门具有高度人文精神的学问。

沃尔夫发表于 1795 年的成名作《荷马导论》（*Prolegomena ad Homerum*）,因为主题是对古典研究而言意义最为重大、最具代表性的"荷马问题",被公认为现代古典语文学的奠基之作（详见下一篇,第 89—94 页）。不过,他对整个古典学的总体规划却要见诸十年后问世的《古代学述要》（*Darstellung der Altertumswissenschaft*, 1807,本文引用柏林学术出版社 1985 年影印版）。

这本一百余页的小册子分别论述了"古代学"学科的概念、范围、目标和价值。"古代学",德文为 Altertumswissenschaft,系沃尔夫发明的新词,Altertum(古代)指作为整体的古希腊罗马文明,但其中希腊人的地位又高于罗马人,因为前者更完美地体现了真正的人性特征,是人类存在的理想范本;Wissenschaft 指一门系统的学问,必须尽可能地在研究对象的原初历史情境中加以审视和理解。可见,现代古典学在诞生之初,"历史主义"与"人文主义"这两种互相制约的因素——如同"古典理想"的"历史性"与"典范性"——已经隐伏其中,但沃尔夫坚信,两者应当处于创造性的平衡关系:"历史主义"只有助力"人文主义"对古典精神的追寻,才能让古典学取代神学,成为最高知识和最高教育。

因此,沃尔夫的 Altertumswissenschaft 即古典学的目标,是通过对整个古代世界的把握来寻回古希腊人的精神。这一目标还有一个具体的化身,那就是屹立于当时德意志文化界的巨人——歌德,《古代学述要》一书也题献给这位大文豪。

在长达七页的献词伊始，歌德被称为"希腊精神的行家和表现者"（Kenner und Darsteller des griechischen Geistes）。他是古希腊精神的当代化身，也是古典学者心之所向。歌德和沃尔夫、诗人和古典学者之间是一种双向的助力关系：古典学者不仅仅依靠学术，也要如同诗人和艺术家，依靠"审美直观"，来真正地理解古典文本和古典艺术；反过来，像歌德那样的诗人和艺术家对希腊精神的"审美直观"，也要得到古典学者的辅助和引导，作为他们遵循古代典范从事创作的牢固基础。因此，古典学者与诗人和艺术家互为补充，古典学与诗和艺术处于相互促进的关系。

惟其如此，古典学者才能实现他自己的终极目标："有关古代人性本身的知识"（die Kenntnisse der alterthümlichen Menschheit selbst，第124—125页）。此种知识，是综合了历史性的、经验性的知识以后的审美直观，其发生有如沃尔夫特意使用的一个比方——厄琉息斯秘仪里的epopteia，"终极异象"，即最高义谛的呈显（第124页）。"最高义谛"指的是古希腊人所代表的完美人性，经过古典学术的"密仪"之路，最终向古典学者显现。呈现"最高义谛"的"终极异象"，也让语文学（philologia）取代神学（theologia）成为通向最高知识之路，让语文学者（philologos）取代神学者（theologos）成为最高知识的掌握者。

古典学者为自己的终极目标而艰苦奋斗的过程，实现了古典学术的真正价值：一种诉诸"古典教育"的"教化"（Bildung）。《古代学述要》这部纲领性的奠基之作，浓缩了沃尔夫多年来开设的"语文学全书"（"Encyclopaedia philologica"）课程（第3—9页）。"全书"或"百科全书"这个概念，不仅具有系统性的知识整体的涵义，而且还意味着"整全的教育"（enkyklios paideia），是对这两层涵义的统一，即从系统性的知识整体来获取整全的教育。《述要》按照启蒙思想的范式，用百科全书的精神把古代学分成24个领域或分支并统合起来，因为只有百科全书才能确保知识的各个部门、各个不同的学科相互关联，组成有着高低等级之分的结构，共同纳入一个有机的整体。语文学因此成为通达"整全的教育"的最佳路径,语文学者自身的"教化"乃语文学作为"学科"(Wissenschaft)的最终目标。此种"教化"实质上是"语文学者"经由古典学术而实现的自我教化:古典学术所探求的古典精神取代基督教精神,成为对人的最高塑造,"语文学者"也取代"神学者",成为"教化"的最高典范。

沃尔夫创建现代古典学之举,堪称从学术上对温克尔曼倡导的"新人文主义"的实现。现代古典学在诞生之初将古希腊语言和文学置于首位,古罗马语言和文学置于次位(正如温克尔曼将希腊古典艺术置于罗马艺术乃至一切古代艺术之上),而两者又作为一个整体对立于基督教文明,体现出有别于基督教精神的人文精神。(虽说文艺复兴时期的人文主义者已倡导人文精神,但他们更多地致力于调和古典文化与基督教文化。)古典学作为一门学问要与基督教神学颉颃,要使其学问的对象即古典文明与基督教文明对峙,要让其学问的旨归即古典精神与基督教精神抗衡——这才是古典学在整个西方文明格局里担负的精神使命，也是其存在的根本理由。

沃尔夫对古典学及古典教育的总体规划，由他的好友洪堡（Wilhelm von Humboldt, 1767–1835）付诸实施。洪堡早在 1793 年便撰写了《论古代研究，特别是古希腊研究》（*Über das Studium des Altertums, und des griechischen insbesondere*）一文，尽管没有付梓，却在友人中间广为流传，沃尔夫也深受影响。文中提出，"古代研究"的目标是"关于人性在古代的知识"，而"人性"也就是"人的各种智识、情感和德性力量"。语言是理解一种文化之整体精神的关键，古希腊语在所有古代语言当中有着优越性，只有熟稔古希腊语的古典语文学者才可能掌握古希腊文化的精髓和本质。洪堡的这些主张几乎与沃尔夫如出一辙。用"教化"来维系德意志和古希腊的"爱之纽带"，成为"古典教育"的根本理念。"古典教育"以古希腊罗马经典为核心，辅之以艺术作品，通过探寻其中的"古典理想"来塑造德意志人。

不过，洪堡认为，要让古典学术和古典教育之间的联系长久维持，必须对之加以机构化和制度化。他就任普鲁士文化与教育大臣后进行了一系列教育改革，一方面创办了第一所现代意义上的研究型大学柏林大学（1810 年），让古典语文学成为大学里的重要系科，另一方面彻底重新规划了人文中学（Humanistisches Gymnasium），让两门古典语言成为核心课程，让人文中学成为古典教育的核心机构。洪堡倡导的新人文主义"教化"的目标，不止于沃尔夫所针对的古典语文学者，而是扩展到所有人，即每一个个体。个体通过多面向的发展与统一，实现从自然状态到文化状态的转化，而文化状态对个体的统一主要表现在心智上的美与和谐。古典（特别是古希腊）语言和文学（以及艺术）是最有效的手段，通过诗和艺术的认知方式，培养人的直觉体验和审美直观。

然而，沃尔夫和洪堡之后的德国古典学术很快摒弃新人文主义及其信奉的"古典理想"，紧紧追随历史主义的时代主流，演变为实证历史主义的经验学科。十九世纪上半叶的德国古典学分成两个阵营。一个是赫尔曼（Gottfried Hermann, 1772–1848）、里奇尔（Friedrich Ritschl, 1806–1876）、拉赫曼（Karl Lachmann, 1793–1851）等人所代表的以语言文字及文本校勘为重心的"文本语文学"（Wortphilologie），另一个是伯克（August Boeckh, 1785–1867）、缪勒（Karl Otfried Müller, 1797–1840）、雅恩（Otto Jahn, 1813–1869）等人所代表的以历史文化为重心的"史实语文学"（Sachphilologie）。两个阵营展开了"何为语文学"的争论，但这一争论几乎沦为无休无止的"形式"与"内容"之争：究竟是作为形式的语言还是语言表达的内容，更有助于对古典世界的历史重构？此种争论非但没有让古典学术重归古典精神，反而因为各自所宣称的"科学性"，加速了历史主义对古典学术的全面宰制。

例如，伯克在《语文学诸学科全书与方法论》（*Encyclopädie und Methodologie der philologischen Wissenschaften*, 1877，此书结集了伯克开设于柏林大学长达半个世纪之久的古典学入门课程讲义，由其弟子整理后作为遗著出版）这部影响深远的讲演录里强调，古典学的阐释必须是客观的、经验的和历史的。作为历史科学，古典学的真正目的是对古代世界进行历史性的重构，亦即"重现过去的真实"。经过严格的历史研究方法训练出来的古典学者要以古代文明的整体为研究对象，收集、整理古代世界的所有遗存，致力于对过去的史实（Realien）进行全面而客观的研究，借此获致对古代文化的客观了解。有趣的是，伯克本人还试图在此基础上重构古希腊的精神，他计划撰写，但未写就的《赫楞》（Hellen）一书，被他设想为实现此一任务的毕生巅峰之作。可是，当古典文本和古典艺术不再是人文精神的源泉，而是如同其他古代遗存一般的历史研究对象，当古典学者要客观冷静地从时代和历史背景当中寻找解释，而不能被所谓主观臆想的人文主义观念误导，他又怎会不迷失于永无止境的细节的丛林，而失去对古希腊文化整体的观照呢？《赫楞》一书最终未写就的深层原因是否正在于此？

  伯克之后，历史主义进程在十九世纪末二十

世纪初德国古典学术的集大成者维拉莫维茨（Ulrich von Wilamowitz-Moellendorff, 1848–1931）身上登峰造极。他之所以堪称集大成者，一个重要原因是他试图重新联合两个阵营，恢复古典学术的整体性。维拉莫维茨总结十九世纪德国古典学的名著《古典学术史》（*Geschichte der Philologie*，1921，本文引用托伊布纳出版社 1998 年影印版），一开篇便对古典学（虽然他使用了"语文学"一词，但该词对他而言等同于"古典学"）的性质和任务做出如下规定："语文学……由它的对象所决定，即古希腊罗马文化，其本质及其存在的所有方面。……语文学的任务是用学术的方法来复活那个已逝的世界。"（第 1 页）从所有的个别事实当中重构整体性和普遍性，是维拉莫维茨的理想，在他之前也是伯克的理想，但此种"整体性"由研究对象所组成，而非由追寻的古典精神所体现。纵使维拉莫维茨强调古典学术的"整体性"，他对实证历史主义的坚定信念带来的必然结果是，古典文化分崩为互不相干的细节，古希腊文化的整体精神无从找寻，而实证历史主义精神与古典精神彻底分道扬镳。古希腊从最高的"文化理想"沦为众多的"客观现实"之一,从一个具有象征意义的"神话"沦为一段平淡无奇的过往历史。

发端于沃尔夫的"古典语文学"作为"语文学者"的"教化"和发端于洪堡的"古典教育"作为所有人的"教化",让"古典语文学者"成为"教化"的楷模,但此种"教化"逐渐被古典学术与实证历史主义的联盟所摒弃。为语文学者(乃至所有人)的"教化"服务的古典学术反过来要求语文学者为它服务,每个语文学者都只是为古典学术的发展效力的卑微仆人。即便偶尔还会响起对"古典教育"的口惠之词,当古典语文学和古典艺术史都完全致力于历史重构,所谓的"古典教育"最多只是"历史意识"的形成,也就是培养一种现代的科学认知方式,注重抽象的、反思的理性分析,而无关乎古典精神本身。因此,整个十九世纪德国古典学的鼎盛,意味着实证历史主义的现代学术精神对古典精神的胜利。古典学与历史学和考古学联姻,成为高举实证历史主义的学科而大获成功，但成功的另一面是，它早已忘却新人文主义的精神内核，背弃诞生之初的精神使命，与古典精神渐行渐远。古典学不再力争古典文明之于基督教文明的优先地位，也不再倡导古典精神与基督教精神的对抗；古典学者不再维系德意志与古希腊的"爱之纽带"，也不再致力于用古希腊文化来振兴德意志文化。

三

当维拉莫维茨引领古典学术达到实证历史主义的峰巅，他在柏林大学的教席也成为整个德语区地位最高的古典学教席。1921年，他从柏林大学退休，由其高足耶格尔（Werner Jaeger, 1888–1961）接任。出人意料的是，耶格尔重新擎起早已被弃如敝屣的"教化"大旗，再次倡导"人文主义"（史称"第三人文主义"，尽管耶格尔本人极少使用这一提法，仍旧称之为"新人文主义"，但学术史上为区别他所倡导的"人文主义"与上节所讨论的"新人文主义"以及更早的文艺复兴时期人文主义,乃冠以"第三"这个序数),成为一代古典学者的精神领袖。整个二三十年代,他都致力于复兴"人文主义",试图让古典学术再次服务于"古典理想"及其教化功能,让古典学术再次回归古典精神。

耶格尔从三十年代开始倾注全力撰写的《教化》(*Paideia*)这部鸿篇巨制(第一卷出版于1934年,第二、三卷完成于流亡美国后,分别出版于1944年和1947年),被公认为这场精神运动最重要的文献,也是迄今为止最后一部从整体上把握古希腊文化的著作。全书"前言"第一句话就开宗明义地宣告:

> 我将呈现给公众这样一部历史研究作品,它致力于此前尚未有人从事过的工作,即把"教化"(paideia)或者说希腊人的塑造(die Formung des griechischen Menschen)作为对希腊文明新的整体考察的对象。(王晨译本第9页,有改动)

这句话重复了全书的正副标题——"教化"和"希腊人的塑造"（副标题其实是正标题 paideia 一词的解释）——并特意强调，以此为研究对象的这部著作属于"希腊文明整体考察"（Gesamtbetrachtung des Griechentums），是从 paideia 这一新的角度对之做出的开创性贡献。这里所谓的"希腊文明整体考察"，指的是以 Griechentum 为研究目标，从整体上把握希腊文化的独特性。

此种独特性由全书"导言"（题作"希腊人在人类教育史上的地位"）给出提纲挈领的展示。耶格尔强调，古希腊的 paideia 统合了"文化"与"教育"两个方面。从本原意义上看，paideia 泛指"文化"的获取和传承，实质上是一种"人文教育"，以赓续人文传统、实现一种文化的最高理想为旨归，而非以传授知识与技能为鹄的。因此，paideia 的根本是"文化理想"，用"文化理想"来化育"成人"——不是成为普通人，而是成为被某种文化奉为最高典范之人。换言之，paideia 既指代文化本身尤其是最高意义上的"文化理想"，又指代此种"文化理想"实现于个体身上的过程以及代代相续的传承过程。

耶格尔相信,古希腊 paideia 的根源,要在希腊化之前的古风与古典文化里找寻。皇皇三大卷《教化》,论及希腊化时期只有片言只语,几乎完全围绕古风与古典时期立论和阐发,重心更是放在公元前五至前四世纪的雅典,尤以柏拉图哲学为重中之重。耶格尔奉柏拉图的教育哲学为古希腊 paideia 的最高成就,paideia 被理解成"刻意用理想的范型对个人的性格加以甄陶和塑形",好比雕塑家用美的理式来造就美的形象(参见"导言",王晨译本第 21—22 页)。耶格尔主张,"理想的范型"当求之于古风与古典时期的经典作品,即富于创造力的"古典文学",而非希腊化时期衰颓的、摹仿的文学,更非彼时的教育体制或教学实践,所以他在英译本第一卷的扉页上给出的一个纲领性说明(这个说明不见于德文本,是特地为 1939 年开始出版的英译本撰写的全书总纲)里称:

> 古人相信,教育与文化并非技术性的东

西，亦非抽象的理论，可与一个民族的精神生活的客观历史结构分离。他们认为，两者均具体表现于文学，这一所有较高级文化的真正表征。

故而，三卷《教化》以最经典的古希腊"文学"——荷马史诗至德摩斯梯尼的演说辞——为材料，用思想史（Geistesgeschichte）的研究模式，选取若干主导思想，分析它们与所处时代的文化（社会、政治、宗教）之间的关联，从而对"教化"的观念进行历史重构，展现"古典理想"在古希腊文化里的具体历史进程。耶格尔摒弃了维拉莫维茨信奉的实证历史主义，回到语文学对文本的细致解读与阐释，从思想史的角度关注哲学与诗和宗教的关系，追求"语文学与哲学的融合"。

从整体上把握古希腊文化的《教化》，也是最后一部将古希腊文化精神与作者身处的德意志文化精神联结起来的著作。它的副标题"希腊人的塑造"（die Formung des griechischen

Menschen），言下之意其实是要让希腊人的塑造为德国人的塑造提供理想的范型，因为希腊人的 paideia 恰恰让希腊人成为德国人的 paideia。这样一种关系在第一卷的"第二版前言"（1935 年）里言之凿凿，作者将全书的研究对象更加明晰地归纳为"希腊人的教化和作为教化的希腊人"（die Paideia der Griechen und zugleich die Griechen als Paideia，王晨译本第 11 页）。"作为教化的希腊人"主要针对当时的德国人而言，是为了重新缔结两者之间的"爱之纽带"。

此一"爱之纽带"被维系于德意志的 Bildung 和古希腊的 paideia 之间的本质性关联。在所有语言的译名里，古希腊的 paideia 最为妥帖地译作德语的 Bildung，这并不缘于翻译上的巧合，而要归功于自十八世纪末新人文主义以来，德国文化对 Bildung 的理解一直奉古希腊的 paideia 为渊源和典范。其他欧洲语言，包括拉丁语的 humanitas，英语和法语的 education，都不足以恰切地翻译 paideia，无法涵摄其多方面的文化意蕴，更无法准确地把握其精神实质。唯有爱希腊的德国古典人文主义经过长期的努力，才让 Bildung 从各个方面与 paideia 吻合。《教化》英译本第一卷的扉页上，作者坦陈：

> 我用一个希腊词［即 paideia——引者按］来指代一个希腊的事物，意在提示，这个事物是用希腊人而非现代人的眼光被看。避免使用诸如"文明"（civilization）、"文化"（culture）、"传统"（tradition）、"文学"（literature）或者"教育"（education）这样的现代概念，全无可能。不过，它们当中的任何一个都不足以囊括希腊人用 paideia 来表达的涵义；它们每一个只限于 paideia 的一面，无法穷尽其意，除非我们把这些概念合在一起使用。

这段纲领性的文字只见于英译本，显然是针对英语读者添加的说明，而在用德语撰写的全书"导言"里，作者早已信心十足地宣告："我们德语的 Bildung 一词最清晰地描绘了希腊即柏拉图意义上的教育（Erziehung）之本质"（王晨译本第 21 页）。此处所谓"希腊即柏拉图意义上的教育"也就是 paideia（尽管为了照顾行文，作者使用了德语的 Erziehung 一词）。毋庸置疑，"人文主义者"耶格尔坚信德语的 Bildung 一词能够全面且深刻地再现 paideia 的本质，因而能够与之缔结牢固的纽带。

可是，耶格尔对 Bildung 的理解却从根本上与新人文主义分途。虽说早年的他仍然维护新人文主义的"人文精神"（例如 1914 年的巴塞尔大学就职演说《语文学与历史学》和 1919 年的公开演讲《现代人文主义的历史基础》，均收入《人文主义演讲与报告集》），到了二十年代，尤其当他接任柏林大学的古典学教席以后，位居古典学术中心的他胸怀振臂高呼、澄清天下之志，为自己倡导的"第三人文主义"染上愈益浓重的"政治"意识，极力宣扬 Bildung 的"政治性"。此际，"教化"被他界定为个人融入共同体，尤其是国家共同体的过程。人之为人，就在于人乃政治的物种，"政治人的塑造"乃教化的目标，这是他常常挂在嘴边的论调。他批评歌德和洪堡时代的"德意志民族尚处于非政治化的时代",导致当时的"新人文主义者"囿于无历史性的尚美希腊主义,只注重个体的完善(王晨译本第23页)。"第三人文主义"正要克服此种无历史性和非政治化,从历史角度恢复希腊人的政治性,最终实现耶格尔那代德国人的政治性。

维系于古希腊 paideia 和德意志 Bildung 之间的"爱之纽带"被耶格尔深深地打上了"政治"烙印,"教化"等同于"政治人的塑造"。这便决定了"第三人文主义"实质上是一种"政治人文主义",对此他明言:

> 未来的人文主义必须在本质上接受全部希腊教育传统的基本原则,即希腊人总是把人的存在和人作为政治的(或译:城邦的)动物的特性联系起来。(王晨译本第23页)

为了奠定"未来的人文主义"(即"政治人文主义")的理论基础,《教化》一书要"从其独一无二的特点和历史发展角度描绘希腊人的教化"("导言",王晨译本第8页)。古希腊教化的特点和精髓,在耶格尔看来,最突出地体现于柏拉图的教育哲学,而教育哲学又是理解整个柏拉图哲学的关键。因此,整部《教化》对柏拉图哲学的阐发占据了绝对中心的位置和最大的篇幅(约占全书一半)。耶格尔不遗余力地对柏拉图哲学加以政治化,柏拉图哲学被他解释成一种"国家哲学",柏拉图的教育理念被理解成用国家来同化个体加入集体的政治过程,而教化的创造者与维护者应当成为国家的统治者。显而易见,此种解释对柏拉图的教育哲学乃至柏拉图的整个哲学都是极大的扭曲,柏拉图的形上学、认识论、灵魂学说、美学和诗学等都被"国家哲学"的巨幕所笼罩而黯然失色。

耶格尔之所以着力构建出一个高度政治化的柏拉图,究其实质,是为了符合他所倡导的"政治人文主义"。但是,把城邦政治奉为希腊思想和文化的核心,不仅太过褊狭,而且问题重重。以城邦政治为鹄的,甚至都无法把握古希腊"教化"的"独一无二的特点"。因为事实上，在古希腊人眼里，荷马——并非柏拉图——才是地位最崇高的教育家。荷马式教育诉诸"缪斯之艺"，培养"高贵之人"，其根本理念是"始终成为最优秀者"（aiei aristeuein），也就是通过能力和性格的培养成为优秀的个体，从其所属的群体中脱颖而出；优秀的个体之间还要借助"垂范"和"效法（并超越）"的双向模式来展开相互竞比。这种理念建立于"竞争"（agōn）原则，实为古希腊的paideia乃至整个古希腊文化的精神底蕴，也是其独一无二之处。以荷马为中心的"诗人之教"，是后起的"哲人之教"（包括智术师与哲学家）参照和竞比的对象，而此种竞比本身便是深受荷马式教育浸润的鲜明体现。被耶格尔尊为古希腊"教化"之无上成就的柏拉图教育哲学，也是在"哲学与诗的古老纷争"的舞台上，要让哲学取代诗歌，成为最高的"缪斯之艺"。柏拉图"哲人之教"的独特之处，恰恰显露于它与"诗人之教"的竞争。从"哲人之教"与"诗人之教"的对立观之，"古风诗教"才是古希腊"教化"的本原，荷马式"诗人之教"的竞争原则才是其精髓。耶格尔推崇经过政治化的柏拉图"教育哲学"，正缘于他没有领会"古风诗教"所具有的决定性的优先地位。

非但如此，当"政治人文主义"的主张不再流于纸面而被要求付诸实施，来实现所谓的耶格尔那代德国人的政治性，就难免依附当权政治，走上趋时之路（此路并非耶格尔的"政治人文主义"专属，任何一种"政治人文主义"，无论古今中外，必落此窠臼）。1933年耶格尔发表于纳粹党的喉舌期刊《改变中的大众》(*Volk im Werden*)的文章《古代与政治人的教育》（此文后来被耶格尔"遗忘"，未收入《人文主义演讲与报告集》），乃"政治人文主义"最为露骨的趋时之举。文章试图将学校里的古典人文教育与纳粹意识形态调和，支持该体制意欲塑造的新一代德国"政治人"。虽然耶格尔的输诚最终未得到纳粹的赏识，几年后他也由于家庭原因流亡美国，但他于1940年代撰写的《教化》第二和第三卷，却坚持在纸面上继续着"政治人文主义"

之路。

这条道路还不止于古希腊和罗马，而一直通向基督教的"教化"。"第三人文主义"的抱负是用古希腊的"教化"串联起整个西方文明，从古罗马、基督教、中世纪、文艺复兴一直到近现代。就古代世界而言，耶格尔毕生致力于证明希腊、罗马和基督教三种传统之间的统一性与连续性（参见《教化》第一卷"前言"，第二卷英译本"前言"及其最后一部著作《早期基督教与希腊教化》）：罗马人最先继承发扬了希腊人的paideia（例如西塞罗的humanitas），将之普世化，此后也被基督教接受；基督教综合了古希腊罗马的"人文"传统，并且与古希腊相互影响，将古希腊基督教化，而自身也被希腊化。这个历史进程甚至表现为目的论的发展观：古希腊经由罗马而被基督教化，乃历史之必然，最终带来古希腊与基督教的和解，成为一体之两面。如此一来，古典学的精神本原和使命被完全颠倒，希腊罗马古典文化对立于基督教、古希腊文化对立于罗马文化的特质，都被一种苍白空泛的"教化"

弭平。耶格尔调和古希腊文化（Griechentum）与基督教文化（Christentum）并将之纳入目的论发展框架的努力，意味着古典精神向基督教精神的妥协，也同时宣告走上"教化"之路的德意志"爱希腊主义"的自我消解，终究归于失败。

四

然而，耶格尔开始倡导"第三人文主义"之前半个世纪，青年古典学者尼采（Friedrich Nietzsche, 1844-1900）早已截断众流，另辟蹊径。他同样要让古典学术回归古典精神，但没有简单地诉诸古希腊文化对德意志的"教化"，而是通过重估古希腊文化和批判德意志文化来联结两者，联结两者最强健、最有生命力的部分。

尼采生活的年代，历史实证主义的古典学术正浩浩荡荡地奔向世纪末的辉煌。此种历史境遇促使他对古典学的精神使命做出前所未有的深刻反思，主要集中于尼采二十六岁至三十二岁期间（1870—1876 年），我称之为"向哲学转化的语文学"（philosophia facta est quae philologia fuit，如何转化？详见下一篇）时期。此前的几年（1867—1869年），这位尚在求学阶段的青年语文学者循规蹈矩，撰写了一批符合古典学传统的"语文学论著"（philologica）。缘于这批论著的非同凡响，1869年初，二十五岁的尼采赴巴塞尔大学就任古典语文学教授，同年5月28日做了题名《荷马与古典语文学》的任职演讲，却已开始奏响转变的号角（详见下一篇第一节）。七年后，他完成最后一篇《不合时宜的考察》，着手《人性的，太人性的》的写作，迈入了下一个思想阶段。

处于"向哲学转化的语文学"时期的尼采，自任古今文化的批判者与联结者。他一方面重估古希腊文化，从整体上探求古希腊文化的精神特质（主要是这几年的前一阶段，即1870—1873年），另一方面批判当代德国的主流文化，褒扬反主流的新兴文化创造者（主要是后一阶段，即1873—1876年）。他秉承温克尔曼开创的"爱希腊主义"（尽管他极力反对温克尔曼树立的"古典理想"），坚信真正的希腊文化与真正的德国文化之间存在"爱之纽带",而他作为古典学者,不仅是把世人带入此中奥义的"秘仪引领者"(mystagogos),而且还要取代温克尔曼及其流亚,成为这一"纽带"的真正缔结者。

尼采对古希腊文化的重估包含诸多面相,其中尤以荷马、悲剧和前柏拉图哲学为重(另外还涉及古希腊宗教、古典修辞演说术、古诗格律与节奏、希腊化时期哲学如犬儒学派等,均见同一时期的巴塞尔大学讲义)。首先,围绕"荷马"的考察始于《荷马与古典语文学》(1869),经由《悲剧的诞生》的相关章节,一直延续到1872年年底的《荷马的竞赛》一文(详见下一篇第五节);随后,尼采又转向"古希腊悲剧",撰写了一系列预备性文章,最后以《悲剧的诞生》为总结;此外,尼采从1869年开始在巴塞尔大学的授课还以"前柏拉图哲学家"(通称"前苏格拉底哲学家")为重心之一,分别撰成讲义稿《前柏拉图哲学家及其部分残篇的阐释》(1872)以及更为成熟的、与《悲剧的诞生》堪称双璧的《希腊悲剧时代的哲学》一书(作于1872年夏至

1873年春）。

就以上三个方面，尼采分别提出了"荷马问题""悲剧问题"和"苏格拉底问题"。这三个问题鼎足而立，构成他重估古希腊文化的三根支柱，分别针对希腊文化最重要的三个阶段的嬗变过程："荷马问题"关乎"前荷马时代"向"荷马时代"的转捩，"悲剧问题"涉及"荷马时代"向"悲剧时代"的转捩，而"苏格拉底问题"则牵连"悲剧时代"向"希腊化时代"的转捩，因此这三个问题对于理解古希腊文化的整体具有至关重要的意义。

此时的尼采，受叔本华哲学的启发，探求表象背后的意志，立志揭开古希腊文化的表象，发现其背后的生命意志。他提出的三个问题的实质以及他给出的解答，归纳而言便是：

一，荷马描绘的奥林坡斯众神世界背后，究竟涌动着何种阴森恐怖的蛮荒之力？答案是：一个由提坦众神所代表的力量。（见《悲剧的诞生》及《荷马的竞赛》）

二，城邦公共节日上表演的悲剧背后，究

竟涌动着何种与原始痛苦搏斗的生命之力？答案是：由狄奥尼索斯所代表的力量。（见《酒神世界观》及《悲剧的诞生》）

三，苏格拉底宣扬的理性主义背后，究竟涌动着何种非理性的力量？答案是：由前苏格拉底哲学家所代表的悲剧哲学精神。（见《悲剧的诞生》及《悲剧时代的哲学》）

尼采提出这三个问题，对古希腊文化进行重估，集大成于《悲剧的诞生》一书。这部 1872 年年初推出的青春洋溢之作，全名《悲剧从音乐精神中的诞生》。尼采从悲剧的起源问题入手，先后探讨"悲剧在古希腊的诞生"和"没落"，让"荷马问题"成为"悲剧问题"的前奏，纳入对"阿波罗文化的产生、本质和作用"的讨论（第三、四节），把"悲剧问题"本身分解为"狄奥尼索斯文化的产生、本质和作用"（第五、六节）、"阿波罗与狄奥尼索斯相结合的文化的产生、本质和作用"（第七、八节）以及"悲剧文化的鼎盛及其典范"（第九、十节）三个层面，又让"苏格拉底问题"成为"悲剧问题"的煞尾，以解释"悲剧的没落"的真正原因（第十一至十五节）。如此一来，"荷马问题""悲剧问题"和"苏格拉底问题"被有机地统合起来，极具冲击力地展开对古希腊文化的重估。

悲剧之所以从古希腊文化当中脱颖而出，因为它是古希腊特有的、取得最高成就的一种艺术创造。将之与其他古代文化（尤其是近东、罗马和基督教文化）对比，能从中体认希腊的本质（das hellenische Wesen），进一步把握希腊文化的整体，做出如下概括：

> 在阿波罗的美的冲动支配下，"青铜"时代借助于当时的提坦诸神之争和冷峻的民间哲学……演变为荷马的世界，这种"朴素的"壮丽景象又……被狄奥尼索斯元素的洪流吞没了，而面对这种全新的势力，阿波罗元素……奋起而成就了多利斯艺术和世界观的稳固庄严……阿提卡悲剧和戏剧性酒神颂歌的崇高而卓著的艺术作品……是两种冲动的共同目标。（《悲剧的诞生》第四节，引

自《尼采著作全集》第一卷孙周兴译本,第44—45页,译文有改动)

以阿波罗精神与狄奥尼索斯精神的二元对立与统一为原则,古希腊的历史被重新划分成五个艺术阶段:前荷马的提坦时期、荷马的奥林坡斯时期、狄奥尼索斯音乐精神独领风骚的抒情诗时期、阿波罗造像精神大放异彩的古典艺术时期,以及狄奥尼索斯精神和阿波罗精神联盟的悲剧时期。悲剧是前四个阶段的完成,也是古希腊文化的巅峰。通向"悲剧的诞生"的整个历程,正是古希腊文化作为一个整体彰显其精神特质的历程。

多年后,尼采的这部青春之作再版,书名精简为《悲剧的诞生》,并添加了一个不大引起关注的副标题 Griechentum und Pessimismus(通常译作"希腊文化和悲观主义",但 Griechentum 一词,如前文所示,并不泛指"希腊文化",而是专指具有鲜明精神特质的希腊文化整体)。尼采还特地新撰《自我批判的尝试》这篇逸兴遄飞的序言，与副标题相应和，重新审视自己的早年著作。再版的《悲剧的诞生》，主标题虽被保留，但其重心从原先的"音乐精神"转向了副标题里的 Griechentum 与"悲观主义"（Pessimismus）的关系上。狄奥尼索斯精神是理解这一关系的关键所在，也是打开"整个希腊文化的精神特质"（Griechentum）的密钥。从"悲观主义"的不同类型来看，古希腊文化迥别于印度宗教和基督教之类的"弱者的悲观主义"，是对"悲观主义"的超越，是唯一的"强者的悲观主义"。这一超越正是由悲剧及悲剧主义来实现的。悲剧主义的实质乃狄奥尼索斯精神，此种精神孕育出希腊人独特的"狄奥尼索斯世界观"。其独特之处在于，它一方面是基督教精神和世界观的反面，古希腊超善恶的悲剧主义与基督教的道德主义相对立，因此 Griechentum 作为一个整体也与作为一个整体的基督教即 Christentum 针锋相对。另一方面，狄奥尼索斯精神也与苏格拉底以降的理性主义以及现代科学所信奉的肤浅的乐观主义相对立。总之，古希腊的精神特质是反基督教、反乐观主义、反理性主义、反历史主义的，也就是说，是超善恶、悲剧主义、艺术形上学、超历史主义的。再一次地，从悲剧——这希腊人独一无二的文化创造——对"悲观主义"的克服，可以勘破并把握"整个希腊文化的精神特质"。

《悲剧的诞生》是一次大胆的尝试，从本质上把握希腊文化的整体。这部早年著作也成为哲学家尼采的第一次价值重估与翻转。世人所津津乐道的希腊人的"乐天"和"明朗"，被翻转成"悲观"和"强者的悲观主义"。此一重估与翻转，显然针对温克尔曼开创的新人文主义，故意反其道而行之。不过，尼采对 Griechentum 的热情追寻，又恰恰与之一脉相承。他一方面推许温克尔曼等人的功劳，另一方面却认为他们还没有达到目标：

> ……我们必须把这种独一无二的赞扬判归歌德、席勒、温克尔曼那场极为高贵的教化斗争……在某个根本点上，可能连那些斗士也没有成功地深入到希腊本质（des

hellenischen Wesens）的核心处，在德国文化与希腊文化之间建立一种持久的爱之纽带（Liebesbund）？（《悲剧的诞生》第二十节，引自《尼采著作全集》第一卷孙周兴译本，第 150—151 页，译文有改动）

有鉴于此，尼采要"把悲剧当作他自己的海伦来渴求"（《悲剧的诞生》，第十八节，《尼采著作全集》第一卷孙周兴译本，第 138 页），凭靠悲剧与古希腊建立"爱之纽带"。他延续歌德《浮士德》的传统，视"海伦"为古希腊文化整体及其精神特质（Griechentum）的化身，而他与"海伦"的"爱之纽带"取决于"成功地深入到希腊本质的核心处"，也就是"狄奥尼索斯精神"。

如同温克尔曼以来的德国新人文主义者，尼采也坚信，只有从古希腊独一无二的文化创造才能把握其精神特质，从而把握古希腊文化的整体。对古希腊精神特质的把握，与对希腊文化整体的把握乃一体之两面。此种把握不是穷尽了所有的细节以后做出的归纳,而是一种综合性的审美直观。正如温克尔曼提出的"高贵的单纯和静穆的伟大",尼采倡导的"狄奥尼索斯精神"同样也是一种审美直观。温克尔曼主要从希腊化时期的雕塑艺术里窥见的此种希腊精神特质,被尼采斥为肤表的外观,充其量也只是未与"狄奥尼索斯精神"对峙起来的"阿波罗精神";而他自己从古典时期的悲剧艺术里掘发的"狄奥尼索斯精神",才是外观之下更加深层和隐秘的希腊精神特质,具备超越新人文主义的"高贵的单纯和静穆的伟大"所能唤起的更为丰沛的生命力和创造力。

  此种生命力和创造力正是促进当代文化复兴的根本力量。狄奥尼索斯精神与阿波罗精神的二元性不仅解释了古希腊文学艺术的本质、功能及发展历史,还进一步解释了古希腊文化的整体,它的兴起、鼎盛和衰落,甚至还具有足够的解释力,来指引当代(德国)文化的未来方向。这便是贯穿《悲剧的诞生》的第三部分,即"悲剧在当代德国的再生"(第十六至二十五节)的主线。

从狄奥尼索斯精神和世界观的角度,首先对当代文化尤其是德国文化的主流展开批判,认清其科学和学术的理论乐观主义和历史主义实质,然后辨识那些反主流的、促进"悲剧之再生"的力量,特别是叔本华的音乐哲学和瓦格纳的"总体艺术作品"。沿着这一思路,尼采又在四篇《不合时宜的考察》里进一步阐发,其中第一和第二篇批判当代文化主流的弊端(分别为知识庸人和历史主义),第三和第四篇则塑造理想的文化英雄(分别为悲剧哲学家和悲剧艺术家)。

以《悲剧的诞生》为中心,从最初的《关于希腊悲剧的两个公开演讲》到四篇《不合时宜的考察》,尼采试图创立一种"向哲学转化的语文学"或曰"哲学语文学",来实现古典学的精神使命。这一时期的尼采身体力行,对此做出许多努力。例如,《悲剧的诞生》及预备性的《苏格拉底与悲剧》诸文,将古希腊悲剧的高峰定位于"埃斯库罗斯的第一个伟大时期"(因其音乐性和悲剧性),旨在推翻常见的"历史主义"评断(即后期埃斯库罗斯以及索福克勒斯乃古希腊悲剧的高峰），是一个服务于当代的同类现象——瓦格纳的"总体艺术作品"即乐剧——的价值重估，也为后者攀登艺术上的最高境界指明了方向。

再如，《悲剧时代的哲学》及相关的《论真理的激情》诸文，将古希腊哲学的高峰定位于前苏格拉底时期（因其伟大思想与伟大个性的内在关联），亦在推翻常见的"历史主义"评断（即苏格拉底、柏拉图和亚里士多德乃古希腊哲学的三座高峰），也是一个服务于当代同类现象——叔本华及尼采自己的生命哲学——的价值重估，为他自己今后的哲学道路指明了方向。

又如，《荷马与古典语文学》及相关的《荷马的竞赛》诸文，将荷马世界的力量来源定位于赫西奥德所描述的"史前世界"（即提坦世界），同样为了推翻常见的"历史主义"评断（"高贵而单纯的"奥林坡斯世界的优越性），也还是服务于当代的同类现象——浪漫派对非理性的原初之力的追寻——的价值重估，为尼采之后的晚期浪漫派指明了方向。

古典学者尼采对古典文化的价值重估,是为了从中找到振兴当代(德国)文化的隐秘力量,以便缔结古今文化尤其德意志与古希腊文化的"爱之纽带"。而最为隐秘的力量莫过于狄奥尼索斯精神,它在艺术上体现于古希腊悲剧家(悲剧艺术家),其精神为瓦格纳继承并光大;在哲学上体现于前苏格拉底哲学家(悲剧哲学家),其精神为叔本华继承并光大。依循狄奥尼索斯精神所缔结的"爱之纽带",德意志文化首先要从局部、最终要从整体上超越古希腊文化。怀抱此一崇高目标,后来的尼采把古典学的精神使命转渡给了他的哲学。他不再满足于瓦格纳和叔本华,而自行创建了一种悲剧艺术和悲剧哲学,来缔结与古希腊的"爱之纽带",叔本华的哲学和瓦格纳的艺术最终也被他自己的哲学及哲学诗人"查拉图斯特拉"所取代和超越。

五

迄今为止,尼采是从古典学内部赋予这门

学问所能达到的最高精神使命之人。他从整体上对希腊文化进行重估,揄扬悲剧与狄奥尼索斯精神为古希腊文化真正的精神特质,与基督教精神针锋相对,并在此基础上缔结德意志与古希腊的"爱之纽带",建设一种德意志的悲剧文化。他的划时代意义堪比早于他一百年的温克尔曼:正如温克尔曼影响了十八世纪末、十九世纪初的一大批诗人和艺术家,尼采也影响了十九世纪末、二十世纪初的众多诗人和艺术家;他们以古希腊文化为参照对象和精神典范,从事最高水准的诗歌和艺术创作,用他们自己的方式赓续德意志模式的"爱希腊主义",这些诗人包括霍夫曼士塔尔、格奥尔格、里尔克、贝恩等。尽管当时的主流古典学界秉持维拉莫维茨的态度,把古典学者尼采视为异端逐出古典学界,但与尼采同时及尼采之后,仍有个别学者敢于同正统古典学术分道扬镳,用尼采一般的别择眼光来实践古典学的精神使命,他们或者重估古希腊文化的整体精神,或者进一步深入探索古希腊的众神和经典。

就在尼采推出《悲剧的诞生》那一年

(1872),比他年长一辈、也任教于巴塞尔大学的瑞士文化史家布克哈特(Jakob Burckhardt, 1818-1897)开始讲授"希腊文化史"(Griechische Kulturgeschichte)课程。此后,他多次重复开设这门课程直至1885年,讲稿也不断扩充完善,身后由其侄子编辑成四卷,作为遗著出版于1899—1902年。《希腊文化史》用布克哈特自己的方式对古希腊文化进行了重估(1869—1872年间,尼采与布克哈特因同事关系而建立友谊,两人之间如果存在相互影响的话,尼采应该更多的是受益者),从宗教、政治和文化这三个相互交织的因素展开,因为他认为它们是主导每个历史时期的"三种力量",正如他在不朽名著《意大利文艺复兴时期的文化》(1860)里充分展示的那样。从"三种力量"来看,首先,古希腊的宗教并不源于道德动力,更多的是想象力的产物而与诗歌和艺术关系紧密。希腊众神还有希腊人的非道德性十分突出,并且希腊人也没有神职阶层来管领他们的道德观念和实践。其次,布克哈特对古希腊的城邦政治持否定与讥讽态度,反感希腊人赋予政治生活过多的重要性，把城邦看作至高无上，从而导致对个人事务的干预以及政治领袖对民众的操控。最后，关于文化，他独树一帜地提出，古希腊所谓的黄金时期即公元前五世纪，其实是一个充满冲突与对抗的混乱世纪，而希腊历史上最辉煌的时期倒是古风时期，那个时期诞生并发展出希腊文化的两个重要特质：其一是悲观主义，一种肯定性的悲观精神，出于对苦难的深刻认识。希腊人乃受难者，时刻感受到人类幸福和生命本身的短暂性，但同时也是创造者，因为恰恰是此种悲观主义赋予他们文化上的强大创造力；其二是争胜精神，一种重个体的贵族精神，缘于对生命的悲观认识，因为只有勇于承受苦难，才能更加完美地实现个体性，成为超群绝伦的伟大个人。此种争胜精神从古风时期开始，贯穿整个希腊文化史。

从上述"三种力量"对古希腊文化进行的重估，尤其是对悲观主义和争胜精神的把握，恰恰与当时的主流观念背道而驰。布克哈特并非古典学家，更非古典语文学家。他对于古希腊文化的考察，从文化历史学的视角展开，是一种来自边缘的甚至局外的眼光，但这也促成了他的视野之广阔和整全。布克哈特还执意秉承源于温克尔曼的德意志"爱希腊主义"，强调"对整体的感知，对希腊文化整体的理解"（zur Teilnahme für das Ganze, zum Verständnis des Griechentums überhaupt），因为"当下的历史-好古著作关心的是博学，而我们为之辩护的是一种持续终生的教化和享受的手段"（《希腊文化史》"导论"）。高度技术化的古典学术及其训练过程已经削弱、败坏甚至耗尽了古希腊文化及其学习者的生命力，文化史的整全视域才能让两者重新焕发生机。

即便作为文化史家，布克哈特同样甘居当时主流的历史学研究之外（就在开始讲授《希腊文化史》那年，他拒绝了柏林大学请他接替当时德语区最高的历史学教席即兰克教席的呼召，终生蛰居家乡巴塞尔也即德语学术界的边缘，这一抉择便是最好的证明）。他坚信，由信仰和观念、文学和艺术组成的文化史比盛行于当时的由行动和事件、社会制度和权力结构组成的政治史更为重要，也更能够彰显一种文化里持久的、有特质的精神。从方法上而言，他也反对主流历史学的实证主义，代之以更具直观性质的深入思考，他称之为"考察"（Betrachtungen，与尼采《不合时宜的考察》一书标题里的"考察"恰好是同一个词）。正因如此，《希腊文化史》甫一面世，就遭到维拉莫维茨为首的正统古典学界的猛烈抨击，被斥为一文不值。然而，正如布克哈特的侄子、《希腊文化史》的编辑者所言，"他（指布克哈特）关于古希腊人的知识来自古希腊人自己的著作，而非此前四十年德国教授们关于希腊人的著作"。相比之下，维拉莫维茨基于大量实证经验史料的同类主题著作，例如《希腊人的信仰》（*Die Glauben der Hellenen*, 1931–1932），尽管令同时代的正统古典学者们交口称赞，却由于新材料的出现而很快过时，倒是布克哈特《希腊文化史》里的那些超越经验之上的洞见，百年后仍然历久弥新。

对于维拉莫维茨《希腊人的信仰》一书，当时亦有个别古典学者持否定态度，譬如受到尼采影响颇深的古希腊宗教学者奥托（Walter F. Otto, 1874–1958）。他认为，从信仰的角度认识古希腊宗教是从完全错误的前提出发，而且维拉莫维茨的历史实证主义方法根本无法接近希腊宗教的实质；另一方面，他也反对当时正统的宗教史研究路径，即乌瑟纳（Hermann Usener, 1834–1905）所代表的"波恩学派"，也就是运用古典语文学（特别是历史比较语言学）来探究古希腊宗教的发展与演进，因为这两类研究都把希腊众神当作过往的史迹，执着于他们的起源和演变，却忽视他们的精神层面，模糊了希腊宗教的独特性。

针对以上两种当时主流的宗教学研究路径，奥托于1929年和1933年先后出版了《希腊的众神》（*Die Götter Griechenlands*）和《狄奥尼索斯》（*Dionysos*）两部力作，延续尼采对希腊宗教里的"阿波罗元素"和"狄奥尼索斯元素"的二分，分别讨论"奥林坡斯宗教"和"狄奥尼索斯宗教"。他坚信，宗教乃整个希腊文化的核心，若要从整体上把握希腊文化的特质，就必须从宗教史转向宗教本身，探索希腊众神的本质，他们的"现实性"和"真实性"，以及希腊宗教与其他宗教尤其是基督教的差异。

《希腊的众神》的主导问题是：古希腊的众神，特别是荷马的奥林坡斯众神，究竟在何种意义上存在？这个问题直指希腊人的生命体验：众神"在"那里，向凡人显现。整体而言，这些神明乃生命本身，他们的"神性"乃生命或存在之完满；分别而言，希腊众神显现了"神性"的不同面向，也就是生命或存在之完满的不同方式，比如神圣超凡、庄严崇高、可怖莫测、放浪解脱。奥林坡斯众神的背后，是对整个世界的界划，分判了存在的不同领域，把这些不同的领域化作他们的"原型形象"，由此组成世界之整体。从赫西奥德和埃斯库罗斯可以看出，荷马史诗里光辉灿烂的奥林坡斯众神恰恰是"新神"，是与"旧神"即原初众神和提坦众神斗争胜利的结果，正如尼采敏锐的觉察所示（见上节及下一篇第五节）。那些来自"地府的"、"阴性的"、体现自然之力和灵异之力的"旧神"被来自"天穹的"、"阳性的"、体现精神性和壮丽之美的"新神"推到了后景,被他们取代。奥林坡斯众神向希腊人,也向所有能感领神性的人显现他们的"存在"。不仅在古希腊,而且在当下,只要深入我们自己的生命体验,深入存在之完满的体验,众神也会向我们显现。

因此,奥林坡斯众神不是"信仰"的对象,有如其他宗教里的"神"那样,要求信徒绝对地信从,尤其是道德领域内的驯顺服从。这是基督教的根本特征,也是奥托极力反对基督教的主要原因。他于知天命之年付梓的反基督教檄文《古典精神和基督教世界》(*Der Geist der Antike und die christliche Welt*, 1923),把基督教精神界定为不自由的、低贱的、嫉妒的、奴性的,是古典精神的对立面,这为他赢得了"复活的尼采"的名声。始于《古典精神和基督教世界》的文化批判,完成于十年后的《狄奥尼索斯》倡导的"狄奥尼索斯的世界观"。狄奥尼索斯被昭示为"迷狂之神",他的生命力的各个面向,如他的显灵方式,他作为"将来之神"和面具之神,他带来的喧腾、癫狂和世界之魔化,他与酒、植物和动物的关系等,一一得到展现。"狄奥尼索斯的世界观"与《希腊的众神》里的"奥林坡斯宗教"一起,能够让现代德国文化摆脱基督教的精神桎梏,重新焕发生命活力。那些德国古典文化的精英(例如歌德、席勒、荷尔德林),在基督徒的外表下,实乃"隐蔽的异教徒",因为"他们心底深处,向着古希腊的异教,竖立起不可见的神庙和祭坛",所以才能创造出生机勃勃的德国文化。

令人感慨的是,已过中年的奥托(《希腊的众神》出版之时他已55岁,而《狄奥尼索斯》的面世更是在四年之后),并非凭借青年人的一腔热血,而是出于深思熟虑的生命体验,成为希腊众神的宣告者。他融合了古希腊宗教和德意志古典精神,延续尼采的"爱希腊主义",走向荷尔德林的境界——对众神之存在的个人体验——从而缔结古今之间的"爱之纽带"。

二十世纪最初二三十年的德语古典学界,奥托的著述可谓空谷跫音。当时维拉莫维茨的声名如日中天，德语区的古典学者几乎都出自他的门下。这些弟子当中的大多数紧随大师的脚步，已然成为新一代主流古典学术的风云人物，其中的佼佼者包括马斯（Paul Maas, 1880–1964）、弗兰克尔（Eduard Fraenkel, 1888–1970）、普法依费尔（Rudolf Pfeiffer, 1889–1979）和拉特（Kurt Latte, 1891–1964）。不过，有几位学生没有亦步亦趋，对大师的学术旨趣反倒产生根本的怀疑，并逐步脱离大师的影响，走上自己的道路，例如奥托多年的同事和挚友莱因哈特（Karl Reinhardt, 1886–1958）。他青睐奥托的《希腊的众神》更胜于乃师维拉莫维茨的《希腊人的信仰》，因为后者的历史主义解释让他难以心悦诚服。1941年，他发表题为《古典语文学与古典》（*Die klassische Philologie und das Klassische*）的演讲，回顾德国古典语文学两百年的历史，便把维拉莫维茨视为一条走入极端的死路（演讲初版于1942年，经过改写后收入他的个人论文集《古典世界的遗赠》。据我所知，该文是对德国古典语文学的整个历史最得要领的评价）。维拉莫维茨要让古典学变成一门"宗教",自诩为古典学的"福音宣告者",但他宣扬的"宗教虔诚不是针对古典世界,针对柏拉图、索福克勒斯或荷马,而是针对他自己的学术,针对此种学术的实践或理念"(《古典语文学与古典》,见《古典世界的遗赠》,德文第二版,1966年,第347页)。古典学术已经沦为纯粹的技巧,维拉莫维茨及其正统派弟子传授的只是各种学术研究的技巧,舍此无他。

古典学如何突破对学术本身、对技巧的崇拜?如何避免像维拉莫维茨那样,为了古典学术而放弃古典理想?莱因哈特指出,当时存在两种选择,要么"为了古典理想而牺牲学术,如文人所为,但这违背学术良知",要么"调和两者,如维尔纳·耶格尔所为"(同上,第348页)。不过,耶格尔的"教化"之路,在他看来并不成功。虽然"第三人文主义"试图让古典语文学和史学分家,让后者服务于前者倡导的古希腊"教化",结果却是,"我们与古典世界的关系并没有因为'教化'的居中角色而变得更为直接……在'教化'的光芒下看待古典世界,就如同隔着一层面纱——一层我们自己的'教化'的面纱，它更多地让我们向自己遮蔽，而非开显"（同上，第350页）。原因在于，耶格尔的"教化"如前文所示，实质上是一种"政治教化"，弭平了古希腊和基督教文化的差异，因而无法捕捉到古希腊文化最具决定性的根本特质，也不具备直面我们的存在、对之起到决定性作用的力量。

那么，究竟如何赢获与古典世界的直接关联？莱因哈特回顾文章的第二部分回到古典语文学草创之初的德国古典文学时期，指出德国古典作家和希腊古典作家之间存在一种精神上的直接性，它与"教化"的传承无关，而是缘于一种"自发的本能"（das Spontane）。"古典精神"与其说经由"传统"被一代代传承下来，不如说诉诸"显灵"（Epiphanie）骤然之间凸现出来，有如歌德和索福克勒斯之间。古典学要走出对学术本身、对技巧的崇拜，需要靠"自发的本能"滋养，维护精神上的"直接性"，促成"古典精神之显灵"的发生。当然，这不意味着"为了古典理想而牺牲学术"，而是依然秉持"学术良知",但又敢于行走在学术的边缘,敢于违世乖俗,冒天下之大不韪。一如他的好友奥托针对古希腊宗教特立独行的探究,莱因哈特选择古希腊的经典著作,从荷马史诗到索福克勒斯,从巴门尼德到柏拉图,经由多部经典诠释之作,特别是《巴门尼德及希腊哲学的历史》(*Parmenides und die Geschichte der griechischen Philosophie*, 1917)、《柏拉图的神话》(*Platons Mythen*, 1927)以及《索福克勒斯》(*Sophokles*, 1933),发展出一种违逆主流的"尼采式的存在主义诠释学"(莫米利亚诺语)。这一诠释学的基本框架一方面是"诗与哲学的相遇"——既在哲学思想当中体验诗的生动形象,又在诗歌当中思索形而上的深度;另一方面是"古与今的相遇"——既在古希腊经典当中感受其当下性,又在德意志经典(例如歌德、席勒、荷尔德林、克莱斯特、尼采)当中领悟其古典性。莱因哈特基于这一框架的经典诠释,期备着古典精神的自发"显灵",是为联结德意志与古希腊的"爱之纽带"做出的最后尝试。

六

1750年至"二战"两百年间,德国的古典学逐渐背离其"爱希腊主义"的精神本原,汇入浩浩荡荡的历史主义时代潮流,走向所谓"纯学术"的极端。但正因为此,也出现了对这一极端的反向而动,从主流向非主流和边缘而动的努力;并且,恰恰由于德国古典学的"纯学术化"比其他欧洲国家(如英、法、意)更为极端,以致被各国的学院派古典学者奉为圭臬,反向而动的努力也就愈加坚韧强劲,催生出反学院派的古典学,其活力和深刻性也超越其他欧洲国家。

反主流的古典学的精神本原,正是温克尔曼开启的"爱欲"模式的"爱希腊主义"。此种"爱欲模式"奠立了德意志"爱希腊主义"的根本信条:德意志精神与古希腊精神之间存在一种亲和力,一种内在亲缘性,能与之缔结"爱之纽带",从整体上把握古希腊文化的精神特质,领悟其奥义,并以此为源源不绝的动力,振兴德意志文化。因此,探究古希腊文化的目的是从整体上把握其精神实质与特性，然后再用创造性的方式反作用于德意志，塑造后者精神与文化上的整体性。所谓从整体上把握古希腊文化，就是对之进行价值重估，衡量其中最高的文化成就和精神特质，与当代文化（特别是基督教文化）形成对立之势，从而促进和振兴德意志文化。

温克尔曼之后，这一模式发展出两条道路，一条是"新人文主义"，或曰"教化"之路，侧重古典教育和古典学术的内在关联；另一条可称作"活力主义"，或曰"生命"之路，侧重经由文学艺术对古典精神的直观体验。最初，这两条道路都属于"非历史的"精神力量，此种力量能够辨识出最高的文化成就，对之加以"经典化"（注意：不是"圣典化"，前者是开放性的、竞比性的，后者是封闭性的、宗教性的），并且把它直接摆在我们面前，让我们的当下经验与"经典"里的"经验"融会贯通，共同提升到恒常价值的层面，由此造就我们的此在。可是，当"教化"之路也逐步受到"历史主义"的侵蚀，"教化"沦为"历史意识"的形成或实现人的历史使命的"政治教育","非历史的"精神力量便只有在"生命"之路上一息尚存。

无论哪一条道路,德意志"爱希腊主义"向我们提出的根本问题是:如何认识和把握古希腊文化的整体及其特质?这个问题包含两层涵义。一是对文化整体的坚持,因为只有从整体上才能辨识一种文化的最高成就,独一无二的成就,成为衡量此种文化的标尺,哪些是促进文化成就的根本因素,哪些是有利或不利的因素,进而重估文化整体的各个部分和各个阶段。二是对探究活动的反思,古希腊文化的认识和把握者与被认识和把握的古希腊文化处于何种关系?是科学和学术意义上的分析解剖关系,还是文学和艺术意义上的审美直观关系?后一种关系必然依靠"爱之纽带",因为没有"爱欲",对古希腊文化整体(Griechentum)的探究就会分崩离析,也不会反作用于探究者自己;而前一种关系会导致古典学术和古典精神的关联彻底断裂,取而代之的是任何一种当下流行的现代精神对古典学术的宰制。

然而,古希腊文化有一种整体上的精神特

质么？若有，它能被我们把握么？对当下的西方古典学者而言，这两个问题的答案无疑都是否定的。他们关心的是，为了确证当代文化主流所倡导的多元性，回过头去竭力强调古希腊文化（以及其他古代文化）的多元性，对它独有的整体精神不是嗤之以鼻便是漠然置之。更有甚者，他们当中的"最优秀者"会把古希腊人扭转成各式各样的"反面人物"，以确保他们自己永远站在"政治正确"的最前列。

可是，当我们把古希腊文化与基督教文化还有我们身处其中的中国文化进行对比，它们之间的差异是难以掩盖的。如此鲜明的差异呈现于眼前，我们不禁要问：哪些差异是独一无二的，并且正由于其独一无二而值得我们精研深究？从细部看，古希腊文化是多元、多面的，正如任何一种高度发达的文化；从整体看，它却有着某些或显或隐的"文化特性"，正是这些特性让它有别于其他古代文化，也赋予现代西方文化早已习焉不察的特质。当此之际，对一种文化的整体性把握便弥足珍贵，而恰恰是这样的整体性眼光被大多数古典学者放弃了。今日的古典语文学者和古代历史学者长于细节和局部,无意也无力驾驭整体。赢获全局的眼光诚然困难重重,但这意味着我们要彻底抛弃它而从此迷失于细节的丛林么?难道不应当把它确立为我们所有努力的最终目标?

唯有把握古希腊文化的精神特质,让古典精神朗现,才可能重建古典学术与古典精神的内在关联,让古典精神重新生机勃勃,而这才是古典学的精神使命。为了实现这一使命,首先要从古希腊文化的独一无二之处领悟其精神特质,从其精神特质把握古希腊文化的整体,然后从古希腊文化的最高成就中发掘出与当代文化主流和时代弊端相对立的精神特质,不再满足于作为学者去客观地研究它,而是作为个体去深切地体验它,努力用创造性的方式去再现它,让此种精神焕发出与当代文化主流相对抗、与反主流的新生文化相联结的生命活力。所以,古典学不能再受制于"历史主义"的束缚,只被允许用一种客观的、中立的、无利害关系的态度进行纯学术研究,而恰恰要进入古典世界,投身其中,对之进行价值判断，重估并推翻"历史主义"古典学习以为常的价值判断，用古典世界的最高文化成就来衡量当代文化，从中发现与超越当代文化的创造精神相通的力量，对之起到刺激、启发和指引作用。

如此，我们仍有可能与古希腊缔结"爱之纽带"。

第二篇

语文学向哲学的转化

尼采重估"荷马问题"

一

Philosophia facta est quae philologia fuit.
语文学曾经所是，如今已转化为哲学！

1869 年 5 月 28 日，瑞士巴塞尔大学新聘古典语文学教授，年仅二十五岁的尼采用这句拉丁文格言为自己的就职演讲作结。此语一出，座无虚席的演讲大厅里必定泛起一阵不安：这是尼采教授故作惊人之语，还是他的真心吐露？他为何要把语文学和哲学相提并论，还说语文学已让位给哲学？难道用哲学来取代语文学是他就职古典语文学教席的目标？

也许预料到听众的不安，尼采点明了这句格言的出处，直言自己袭用的是古罗马哲学家塞内卡的名句，只不过将之倒转了过来。尼采的听众多半饱读诗书，当然知晓此语出自《道德书简》

第一百零八通（*Epistulae morales ad Lucilium* 108, 23），塞内卡在信中用 quae philosophia fuit, facta philologia est [智慧之爱曾经所是，如今已转化为语词之爱] 来形容一种悲哀的境地，说他同时代的"语词家"（philologi）和"文法家"（grammatici）只会传授争辩的技能而非生活的智慧；他们讲解经典著作，只知斤斤于词句的考订而不知识其大体。他用时人对维吉尔《农事诗》和《埃涅阿斯纪》以及西塞罗《论共和国》所作疏解为证，称"语词家"和"文法家"专事寻觅古词、生僻词、怪僻的隐喻和修辞格，却无心从中发现幸福生活的理念，更无力把关于幸福生活的言辞转变成日常的行动。因此，这句警辟的格言在《书简》的语境里意味分明，philosophia 和 philologia 分别指代"智慧之爱"和"语词之爱"，突出这两个希腊词的词源涵义（而非其学科性质），所以两者之间高低判然，如何取舍不言自明。

然而，经过尼采倒转以后的格言，不仅对他的就职演讲做出总结，甚至成为一种信念的纲领，向世人昭示他日后著名的"价值翻转"的思想方式。与出处的语境不同，philosophia 和 philologia 在倒转后的格言里，更多地标识"哲学"和"语文学"这两门现代学科（其词源涵义倒是隐而不彰）。鉴于就职（古典语文学教席！）演讲的特殊场合，两者的关系一经倒转，立刻凸显出"语文学"与"哲学"之间的张力，而尼采的意图恰恰要将此种张力推向极致，把两者带入前所未有的"本质性争执"当中。就职演讲围绕古典语文学最核心的问题——"荷马问题"——的讨论意在表明，"语文学"只有向"哲学"转化，才会为这场"本质性争执"带来真正的和解。

对塞内卡格言的倒转，也标志着尼采本人正在经历的转向。就任巴塞尔大学教职以前，尼采接受了完整的古典教育，已成长为一名出类拔萃的古典语文学者。1858 年，他考入当时德国最负盛名的古典人文中学普福塔中学（Schulpforta），1864 年毕业后进入波恩大学研习古典语文学，师从古罗马喜剧名家黎契尔（Friedrich Ritschl, 1806–1876），次年追随黎契尔转入莱比锡大学直至1869年毕业。所以,从1858年到1869年,尼采的古典教育和古典语文学训练前后持续了十年。1867年至1873年这几年间,才华横溢的青年学者用拉丁文和德文撰写了数量可观的古典语文学著作,学界统称为尼采的philologica("语文学论著"),由后人编次,与相关笔记、文稿和讲稿合并收入五卷本的《早期文稿》(*Frühe Schriften*, hg. von Hans J. Mette, Karl Schlechta & C. Koch, München: C. H. Beck, 1933–1940. 不过,《早期文稿》收入的作品截止到1869年,还需参考另外两个标准版本:1867年至1873年间正式发表的语文学著述参见 Friedrich Nietzsche, *Werke. Kritische Gesamtausgabe*, hg. von Giogio Colli & Mazzino Montinari, Berlin & New York: Walter de Gruyter, 1967-[以下简称 KGW 版]第二部分第一卷,1982;1870—1873年间与古典语文学相关的著述参见 Friedrich Nietzsche, *Sämtliche Werke. Kritische Studienausgabe in 15 Bänden*, hg. von Giogio Colli & Mazzino Montinari, Berlin & New York: Walter de Gruyter, 1988[以下简称 KSA 版],第一卷,已有商务印书馆孙周兴主

编中译本)。

这批论著当中,最受称道者包括尼采对古风希腊诗人特奥格尼斯诗集的形成史研究(撰于1867年,参见 KGW 版第二部分第一卷,第1—58页),对狄奥根尼·拉尔修《名哲言行录》一书的文献来源考证(撰于1868—1870年,参见 KGW 版第二部分第一卷,第75—245页),以及对一篇题为《荷马与赫西奥德的竞赛》(*Certamen Homeri et Hesiodi*)的古代匿名传记的文本考订与文献研究(撰于1870—1871年,参见 KGW 版第二部分第一卷,第271—364页),上述研究论文大多刊布于黎契尔主编的重要古典学刊物《莱茵缪斯圣殿》(*Rheinisches Museum*)。总体而言,尼采此时从事的正是十九世纪德国古典语文学界的主流研究工作,也就是"历史-考辨语文学"专注的文本考订与校勘、文献来源及年代、真伪和传承历史的考证。这些斐然的研究成果出自一位二十出头的年轻人之手,时至今日仍令人刮目相看。诚如当代英国古典学名宿劳埃德-琼斯(Hugh Lloyd-Jones)所言:"相对来说,他（尼采）对细节性的学术研究贡献确实有限，但倘若我们考虑到，他年甫 35 岁便放弃了大学教职，就应当承认，即便只论及具体的学术贡献，他在这一学科（古典语文学）的历史上也占有一席之地。"（参见 Hugh Lloyd-Jones, "Nietzsche and the Study of the Ancient World." in J. C. O'Flaherty, T. F. Seller & R. M. Helm, eds. *Studies in Nietzsche and the Classical Tradition*, Chapel Hill: University of North Carolina Press, 1976, p. 6）

正是因此，尼采得到恩师黎契尔的赏识和扶掖，在后者的力荐下，于 1869 年年初荣膺巴塞尔大学的教职（此时他尚未获取博士学位），并于同年 5 月举行本文开篇提到的就职演说，题名《论荷马的个性》(Über die Persönlichkeit Homers)。演讲稿稍做改订后于圣诞节前夕付梓，更名为《荷马与古典语文学》(*Homer und die klassische Philologie*)。正是这篇就职演讲开启了尼采对古典的别择时刻，标志着他以古典语文学教授的身份向自己的学科发起严峻的挑战，进入对古典语文学的批判和对古希腊文化的重估时期。

这个时期从《荷马与古典语文学》发端,到《悲剧的诞生》达到高潮。尼采就任古典语文学教席两年多后,《悲剧的诞生》于1872年初面世,却遭遇古典学界不无敌意的沉默。半年之后,比尼采年轻四岁的维拉莫维茨(Ulrich von Wilamowitz-Moellendorff, 1848–1931)终于打破沉默,刊登了一份长篇书评《未来语文学!》(Zukunftsphilologie!,1872年6月),向这部新作发起了不留情面的猛烈抨击。对此尼采本人并未公开回应,让他的好友罗德(Erwin Rohde, 1845–1898)撰文《末端语文学》(Afterphilologie,1872年10月)予以回击,这又引来维拉莫维茨题名《再论未来语文学》(Zukunftsphilologie, Zweites Stück,1873年年初)的新一轮声讨,至此整个"《悲剧的诞生》事件"方告一段落。维拉莫维茨和罗德两人日后均在古典学界扬名立万,罗德凭借对古希腊小说和宗教的独到研究著称于世,而维拉莫维茨更是学富五车,著作等身,成为正统古典学界的一代宗师。不过,他对自己年少所为从无悔意，甚至不惜在晚年撰作的《回忆录》(*Erinnerungen 1848–1914*, Leipzig: Koehler, 1928, p. 129) 里刻意渲染，赋予自己对尼采的攻击一种夸大其词的戏剧性效果：

> 他（尼采）后来听从了我的敦促，放弃了自己的教席和学术，成为一名先知，宣扬一种算不上宗教的宗教和一种算不上哲学的哲学，这是他的守护神给他的权利，他拥有这方面的才智和能力。

后人根据诸如此类的言论再加演绎，认为维拉莫维茨对尼采的抨击给他带来了摧毁性的后果，迫使他彻底放弃古典语文学转而投身哲学。作为历史性的事实，此类断言已被学界证明是维拉莫维茨的一面之词，但是由于"《悲剧的诞生》事件"的传奇色彩，维拉莫维茨与尼采这两个名字被象征性地纠缠起来，分立于语文学和哲学两个阵营，两人的对立从此标志着语文学与哲学之间不可调和的冲突。其实，这种两分造成了极大的偏见与误解,甚至遮蔽了语文学与哲学之间真正有意义的"本质性争执"。

我所谓的语文学和哲学之间的"本质性争执",指的是面对古典文化,语文学和哲学要保持一种张力,向对方敞开其本质属性:语文学对文本的考据和诠释要接受哲学的提升和深化,提升到古典文化的整个思想格局当中,深化到古典文化的根本生命体验当中;而哲学从经典文本那里阐发的思想也要接受语文学的质问和检验,质问其思想根基是否扎根于经典文本,检验其精神意蕴是否生发于古典文化,而非来自与古典文化无甚关联的当代哲学及当代文化精神。这样一场"争执"只能发生在尼采本人的思想境域里。这是因为,维拉莫维茨所代表的主流语文学力图简单地否定哲学对语文学的影响,主张与哲学分道扬镳来维护语文学的"纯洁性"和"客观性";而作为语文学家和作为哲学家的青年尼采之间却始终存在着一种矛盾紧张的状态,促使他深入思索两者之间相互依存的深层关联。因此,只有在尼采那里,语文学与哲学之间的关系才会从一种否定对方的"毁灭性的争斗"(维拉莫维茨 vs. 尼采)转向一种提升对方的"建设性的竞争"(哲学家尼采 vs. 语文学家尼采),这在整个古典语文学史上可说是绝无仅有的个例。

纵观"语文学家"尼采在巴塞尔大学任教的十年(1869—1879),前四年主要致力于古希腊研究(既包括传统的 philologica,也包括更重要的 philosophica),最后的学术出版物付梓于 1873 年。此后,他全力以赴地写作四篇《不合时宜的考察》(1873—1876),其中第二篇考察《历史对于人生的利弊》(1874)仍包含对历史主义古典语文学的针砭,而 1875 年他还为计划撰写的第五篇考察《我辈语文学者》草拟了大量片段(参见 KSA 版第八卷,第 11—96、121—127 页),但最后还是放弃了这个计划,投入下一部更具哲学性质的著作即《人性的、太人性的》的思考与写作(1876 年秋开始写作,1878 年第一版)。因此,尼采从语文学家向哲学家的转向大约经历了六七年的时间,1872 年的"《悲剧的诞生》事件"虽然标志着其中的一个高潮,但 1876 年才是转向最终完成的时期。

这整个的转向过程，从尼采一生的精神发展来看，是一个过渡时期，他从主流的"历史-考辨语文学"转向维拉莫维茨所谓的"未来语文学"，亦即"向哲学转化的语文学"，而此种语文学恰恰是尼采后来的哲学学说的根源。过渡时期的尼采作为一名古典语文学者，针对古典语文学的学科属性和价值（《荷马与古典语文学》，1869年）、学科建制和职业训练方式（《语文学导论》，1871年课程讲义，参见 KGW 第二部分第三卷，第 341—437 页；《我辈语文学者》，1875 年），以及古典教育的制度和理想（《论我们教育机构的未来》，1872 年）提出广泛而深入的批评。尼采以古典语文学者的身份批判性地反思古典语文学自身，论其广度与深度，在整个西方古典学的历史上迄今仍无出其右者。其中缘由，正在于尼采的批评并非简单地否定语文学，而是源于语文学与哲学之间的"本质性争执"，最终寻求语文学向哲学的转化。

二

尼采对古典语文学的批判性反思之所以从"荷马问题"正式发端,是因为这个问题系古典语文学最具代表性、意义最为重大的问题。自十八世纪末现代意义上的古典学术诞生以来,它一直是一个标志性的问题,引领了其他古典作品的学术研究;若是放眼更长的时段,将古典学术上溯到希腊化时期亚历山大里亚学者乃至更早的智术师与文法教师,"荷马问题"在很大程度上还决定了古代古典语文学的发轫和最初走向。概言之,无论古代还是现代的古典语文学,"荷马问题"的提出、提法和解决方式都与其学科性质息息相关。

所谓"荷马问题",简单地说,关乎古希腊存世最早的经典作品,即两部史诗《伊利亚特》与《奥德赛》的作者、真伪、创作方式、创作年代以及传播和传承方式。具体而言,"荷马问题"主要由相互交织的两组问题构成,一组为"作者问题":两部荷马史诗均为长篇叙事诗,各自有着首尾一贯的主题、主角和情节，那么两部史诗的作者究竟是同一位诗人即荷马，还是两位不同的诗人，抑或是一种或两种漫长的口诵传统，而"荷马"之名只是一个符号，用来指称整个口诵传统或者口诵传统里的最后编订者？另一组问题为"作品问题"，围绕荷马史诗的创作方式展开，分析每部史诗究竟是一个统一的整体还是由不同篇什拼缀而成，并进一步解释史诗整体形成或片段拼缀的具体过程。

这两组相互交织的问题此消彼长，决定了"荷马问题"的发展脉络。在荷马史诗的形成及传述时期，关于荷马的籍贯、生活年代与生平，以及荷马与其他史诗诗人如赫西奥德的竞争关系形成了种种传说，见载于后世《荷马传》（*Vitae Homeri*）及《荷马与赫西奥德的竞赛》（*Certamen Homeri et Hesiodi*）之类的文本，这些文本的存世版本多为晚出（罗马帝国时期甚至更晚），作为史实不足凭信，但却保留了古人对荷马的想象与塑造，可视作荷马史诗的早期接受史，亦可视作"荷马问题"的早期样貌。透过这些文本可以看出，这一时期的"荷马问题"主要围绕"作者"也就是作为个人的"荷马"申发，关注的方面包括荷马诞生于哪一座城邦，他生活于哪个年代，荷马早于还是晚于赫西奥德抑或两人活跃于同一时期，哪些作品归属荷马（除两部史诗外，《荷马颂诗》以及其他史诗如特洛伊诗系和忒拜诗系里的作品是否为其所作），荷马的生平事迹（他出生与亡故的情形，他与其他诗人尤其是赫西奥德的关系，他的真实姓名，他是否为游吟诗人，他是否为盲人），荷马传人如何传颂他的史诗，等等。这些貌似生平传记的细节虽然大多出自虚构和猜测，实质上却是古风和古典时期（公元前六至前四世纪）的希腊人对于荷马史诗及其作者问题的最初思索。

到了希腊化时期，古代的古典语文学初步确立，对古典文本的重构及阐释也以荷马史诗为重。亚历山大里亚的学者（公元前三至前二世纪）集数代之功，对史诗文本的厘订做出了巨大贡献，其中声名最著的当属以弗所的泽诺多特斯、拜占庭的阿里斯托芬以及萨摩特拉斯的阿里斯塔库斯这三位学者。他们的工作包括文字的校勘、诗行顺序的确定以及窜入文字的析出，此外他们还撰写了大量注疏、词表以及解释性文字。这些学者遵循严格的治学精神，没有把注疏纳入正文，也没有把析出的窜入文字完全删除，因此基本上保存了那一时期的文本样貌。值得注意的是，当时的语文学者实为"评断家"，kritikoi（现代"批评家"critics 的鼻祖），他们对各种体裁的文本，尤其是地位最高的史诗、悲剧、抒情诗等诗歌作品的优劣做出"评断"，并为每一种体裁遴选出最具代表性的作品，奉为该体裁的"正典"。《伊利亚特》和《奥德赛》从当时为数众多的史诗作品里脱颖而出，完成了"正典化"的进程，而"荷马问题"被置于这一进程当中，也就完全被"作品问题"所主导。

现代古典语文学继承亚历山大里亚学者的衣钵，自其诞生伊始，"荷马问题"里的"作品问题"便凌驾于"作者问题"之上而居优先地位。1795 年，沃尔夫（F. A. Wolf, 1759–1824）发表的《荷马导论》（*Prolegomena ad Homerum*）是现代古典语文学的奠基之作，这部著作也确立了"荷马问题"的新研究范式。为了化解古代至十八世纪有关"荷马问题"的不休争辩，沃尔夫回归原典，对荷马史诗的文本做了细致的考订与辨伪工作，试图以此来平息众议。事实上，这个导论是为他编辑的荷马史诗希腊文校勘本写作的，该校勘本的过人之处在于以新近刊布的抄本为据，尤其是利用了此前不久刚被发现并由法国人维卢瓦松（Jean-Baptiste-Gaspard d'Ansse de Villoison, 1750–1805）整理面世的"威尼斯古抄本"（Codex Venetus A）。导论的副标题为"关于荷马作品的原初与真实形式及其各种异文，以及文本校订的正确方式"（*sive de operum Homericorum prisca et genuine forma variisque mutationibus et probabili ratione emendandi*），着重于重构和复原史诗文本的早期历史。沃尔夫通过这部"示范性"的著作将古典语文学的考证功夫发展到了非常可观的规模，开启了一个崭新的研究范式。

沃尔夫以现代方式重新提出的"荷马问题"，同样以"作品问题"为中心。《导论》质疑"荷马"的历史性以及史诗的统一性。它的出发点，是现存的两部史诗当中都包含前后矛盾或不一致之处，这不仅体现在情节，而且还涉及语言和比喻，甚至还包括明显的窜入篇章，最显著的例子是《伊利亚特》第十卷和《奥德赛》第二十三卷第 296 行以下至全诗结尾。沃尔夫认为，这些现象表明，荷马史诗不是某位个人的作品，而是出自多位或至少两位诗人之手，其中的一位是"主要的"，其他的是"次要的"作者。荷马研究者的任务，在他看来，就是去复原史诗的原初设计。要达致此一目的，并不能诉诸"诗的定律"，尤其是被沃尔夫之前的人文学者所推重的亚里士多德《诗学》对"情节"的界定，而要聚焦于史诗的创作与传承方式。荷马学者只有历史地、考辨地去探究史诗传承的各个阶段，去甄别、罗列史诗文本里的所有细节，展示文本所遭到的败坏，才能"解析"现存的荷马史诗当中归属于不同诗人的部分，并最终发现"真正的荷马"，亦即"本真的"史诗文本，从而解答"荷马问题"。

　　由沃尔夫开创并在整个十九世纪影响甚巨

的流派被世人称作"解析派"(analysts)。荷马文本在他们那里好比是可以辨别"地层"的"考古"现场,解析者的工作致力于分离文本形成过程中累积起来的"地层",也就是说,辨识并剔除后来窜入的篇章段落,显露处于"最底层"的"真正的荷马"。"解析派"主要通过重构史诗文本演进的诸阶段来"去伪存真",将文本拆解开来,确定哪些部分为独立的创作以及各个部分的创作顺序。沃尔夫本人认为,传世的文本并非全然口头创作,而是经过了后来的书写传统加工,我们需要寻找的是其中口头创作的核心;换言之,荷马创作了史诗的各个部分,后来的诗人则把这些独立的部分连结成了一个整体。沃尔夫之后,"解析派"学者还提出了荷马史诗形成的另外两种可能方式:一种是"短歌说"(Liedertheorie),主张史诗是由许多各自独立的片段缝合而成(Kompilation),如拉赫曼(Karl Lachmann, 1793-1851)认为《伊利亚特》是由 18 首古老的短歌组成,而那位"主要的"诗人(或称"荷马")的工作是把这些短歌缝合起来;另一种是

"核心说"（Uriliastheorie），如赫尔曼（Gottfried Hermann, 1772-1848）所主张，后来的诗人是在一个"核心故事"的基础上，添补新的内容并对之加以扩充（Erweiterung）。最极端的观点对《伊利亚特》加以肢解，剔除了所有后来的添加成分后，只剩下大约 1500 行属于原始核心的诗行（Erich Bethe 的论点），最保守的观点则为我们留下了 14 卷（第 1、11—18 和 20—24 各卷，Paul Mazon 的论点）。至于这个原始核心如何被层层累积而形成现存的荷马史诗，也同样聚讼纷纭：有的学者分解出两层，早起的一层是各位英雄的 aristeiai（"战场上的功勋"），晚起的一层是反映了稍后时期关注人物心理和人性的部分（Walter Leaf 的论点）；还有的学者认为，这个过程非常复杂，可以解析出五至六个不同的层次（Willy Theiler 的论点）。除了《伊利亚特》，学者们还把"核心说"运用于《奥德赛》，例如科西霍夫（Adolf Kirchhoff, 1826-1908）出版于 1859 年的相关论文与评注提出，《奥德赛》的"核心"为"奥德修斯的归家"，奥德修斯回家后的故事以及特勒马库斯离家寻父的故事均为后人添加。这一个世纪对荷马史诗的"解析"工作,在维拉莫维茨的《荷马研究》(*Homerische Untersuchungen*, 1884)以及《〈伊利亚特〉与荷马》(*Ilias und Homer*, 1916)那里登峰造极。

不过,早在十九世纪三十年代,"解析派"已开始招致某些学者的非议。反对者主张,《伊利亚特》与《奥德赛》所展现的高度艺术性的结构与设计,只可能源自一位诗人,这位诗人很可能在史诗发展的后期阶段对其最终成形起到了决定性的作用。他们断定,由于两部史诗具有很强的"统一性",应该分别出自一位诗人之手(但未必是同一位诗人)。至于"解析派"学者所诟病的史诗里的前后矛盾和不一致之处,其实只是貌似如此而已,大多能用更精微的方式予以解释。持此观点的学者因此被称作"统合派"(Unitarians)。比如雷尔斯(Karl Lehrs, 1802–1878)在寇尼斯堡大学开设的"荷马导论"课程(1831年)试图证明,《伊利亚特》的不同卷次里存在大量相互关联的篇章,既关乎重大的事件亦涉及微小的细节,这些篇章把不同的部分串联成一体,必定是某种统一设计的结果,而那些前后矛盾之处都可归咎于传承过程中的讹误与窜入。他的结论是,史诗在构思上的连贯性是内在的,不可能通过某种外在的方式强加其上。

虽说整个十九世纪,"解析派"占据了古典语文学界的主导地位,但是到了二十世纪二十年代,"统合派"反而占得上风,维拉莫维茨的高足沙德瓦尔特(Wolfgang Schadewaldt, 1900-1974)出版于1938年的《〈伊利亚特〉研究》(Iliasstudien)是最杰出也是最后一部"统合派"著作。与此同时,一种新的研究范式已然酝酿,由美国人帕里(Milman Parry, 1902-1935)首倡其说,终于在二十世纪四五十年代彻底取代了"解析"抑或"统合"的研究格局。新一派的学者视荷马史诗为口诵民间诗歌,以"口诵-程式化"的方式创作与传述,史诗文本里出现的前后不一致或矛盾之处,皆可据此得到解释,也是此种创作与传述方式的必然特征,现代学者不能以书写文化的要求来看待荷马史诗,对文本做

"真""伪"之分、"好""坏"之别。也因此,"荷马问题"必定表现为"作品问题","作者问题"愈发遁形于无了。

三

尼采生活的年代,"解析派"与"统合派"争论正酣。《荷马与古典语文学》对半个多世纪以来,德国古典语文学界讨论"荷马问题"的这两种通行方式采取否定的态度。尼采认为,"解析派"和"统合派"之争已使"荷马问题"陷入困境,导致问题的原旨暗而不彰。因此,有必要从无休无止的争论当中跳脱出来,从哲学角度反观两派学者各自的"义理动机"以及为之服务的"价值判断"和"审美趣味"。

"解析派"的致命缺点是失其大体,他们把史诗分解成一个个独立的片段,作为供学者们随意取用的"短歌库",而解析者也各施其技,从中缀合出令人眼花缭乱的"真正的荷马"。可是如此一来,语文学研究沦为纯粹的文献考证,并不反思"真正的荷马"究竟何谓。尼采指出，"解析派"的前提预设建立在一个古代传说之上，即所谓的"皮西斯特拉图编订说"：根据某些古人的记载（例如托名于柏拉图的对话录《希帕库斯》228b6-c1以及西塞罗《论演说家》III，137），雅典的僭主皮西斯特拉图或其子希帕库斯（均生活于公元前六世纪）曾经下令，把此前口耳相传的独立的史诗片段联结成一个整体，并规定在泛雅典娜节日上，由不同的游吟诗人按照先后顺序轮流表演。这一传说似乎表明，现存的荷马史诗不过是某位"编订者"偶然且随意拼接的结果，因为根本就不存在原初的完整构思，而沃尔夫及"解析派"语文学者正在努力把这个传说变成历史事实。不过，这个传说只是一个无法证实的语文学"假设"，对复原"皮西斯特拉图编订"之前的荷马史诗形态毫无助益。实质上，"解析派"学者是用属于十九世纪的文学原则乃至个人的审美趣味来评判荷马史诗，他们的一个实用法则是：凡是"好的"部分都归功于原初的诗人，凡是"坏的"部分都来自后来的诗人，而所谓

"好""坏"的衡量标准往往非常主观随意，因人而异。

与之对立的"统合派"坚信，"解析派"所津津乐道的所有讹误、窜伪和矛盾之处都不过是在传承过程当中渐次出现的，荷马史诗的背后必定矗立着一位或两位伟大诗人的身影，绝非"解析派"所假设的资质平平的"编订者"。这种信念的精神来源其实是魏玛古典时期的作家歌德、席勒以及荷马的德译者福斯，还有更早的温克尔曼。以他们为代表的"审美派"，极力维护荷马史诗的完整性，他们把荷马构拟成古典主义的理想形象，体现了崇高之美，乃是自然而又朴素的天才诗人。从"价值判断"的角度来看，"统合派"与"解析派"这两种解答"荷马问题"的路径有一个重要的共通之处，那就是无论"统合派"所推崇的"天才诗人"，还是"解析派"所鄙薄的"平庸编订者"，其实均凭靠某种当代的"审美趣味"来证明各自的合理性。尼采一针见血地指出（以下引文由笔者译自 KGW 版第二部分第一卷，随文注明该卷页码）：

> 学者们自以为在荷马史诗当中发现的所有那些赘生物,所有那些平淡的或者过度的东西,他们都毫不犹豫地归咎于可恶的传统。如今,属于荷马个人特性的东西还剩下什么?不过是根据主观趣味挑选出来的一些格外优美和出色的段落。每一位学者按照他自己的艺术能力辨识出来的审美特性的总和,他现在称之为荷马。(第263页)

根据当代文化的"审美趣味"对荷马史诗做出价值判断,根本无法进入"荷马问题"的核心。必须重估"荷马问题",从古典文化的角度出发,来重新界定"荷马问题"。为此,同样要用哲学和美学的思考方式,提出作为"个人"的荷马及其"个性"问题,尼采解释说:

> 现代语文学并不借助"个性"(Persönlichkeit)的概念,而是把荷马的诗歌当作许多不同个人(Personen)的作品来重构。……在荷马研究的领域里,人们应该持守"荷马

的个性问题",把它当作整个一组问题里最富成果的那一个。(第254页)

尼采此语意在从现代和古代语文学所关注的"荷马问题"返回其尚未成形的"前史",即荷马史诗的早期传承阶段和研习阶段。回顾史料所及的最早时期直至公元前四世纪的亚里士多德以及前三至前二世纪的亚历山大里亚学术,可以发现在那几百年当中,"荷马"之名乃是一种"审美判断",尼采归纳道:

> 这便是关于荷马的所有谬误的核心:从最初开始,荷马这个名字,既没有与审美意义上的完美概念,也没有与《伊利亚特》和《奥德赛》发生必然联系;荷马作为《伊利亚特》与《奥德赛》的作者,并非一种历史传统,而是一个审美判断(ästhetisches Urteil)。(第263页)

从希罗多德的记载(约公元前五世纪中叶)

可以推断，最早的传说把荷马视为所有史诗作品的作者，甚至所有诗歌作品的作者。随后，荷马作品的范围不断缩小，最终固定于《伊利亚特》和《奥德赛》这两部史诗。这个过程历经数百年逐步展开。首先，"英雄史诗"与"教谕史诗"被判分为两种类型，前者主要包括"特洛伊诗系"和"忒拜诗系"，被认为由荷马创作，后者又分为与"神事"有关的《神谱》系列以及与"人事"有关的《劳作与时日》系列，归于赫西奥德名下。对此《荷马与赫西奥德的竞赛》（以下简称《竞赛》）里的传说可以引为佐证。《竞赛》的存世文本虽来自二世纪，其核心内容可上溯至公元前四世纪的智术师以及更早的游吟诗歌传统。前已述及，求学时期的尼采对这份文献做过深入的语文学研究并得出结论说，其来源为活跃于公元前四世纪的智术师阿尔基达马斯（Alcidamas）所撰的一部名为《缪斯集》（*Mouseion*）的修辞学教科书。这一结论被后来发现的两份纸草文献证实，为当代学界普遍接受。根据《竞赛》的记述，荷马不仅创作了《伊利亚特》和《奥德赛》，还是《马尔吉特斯》《忒拜之歌》和《后辈英雄之歌》的作者。当荷马与赫西奥德这两位诗人的竞赛处于难分胜负之际，主持竞赛的国王要求他们表演各自作品里最精彩的部分，以此一决高下。于是，荷马表演了《伊利亚特》第十三卷里描述两位埃阿斯及其部下如何在刀光剑影的战场上准备作战的片段，赫西奥德则表演了《劳作与时日》里关于播种、收获和制作农具的合宜时令的段落。由此可见，面对赫西奥德这样的竞争对手，属于"英雄史诗"的《伊利亚特》乃是最能体现荷马之为荷马的诗作。

此后，亚里士多德论及荷马的创作（如业已失传的《论诗人》与《荷马难题》），尤其是他的《诗学》（约作于公元前四世纪下半叶）进一步限定了荷马作品的范围。《诗学》对"荷马问题"的阐述（尤见第八章、第二十三章）建立在这样一个基础之上，即荷马是《伊利亚特》和《奥德赛》这两部史诗的作者，但他同时也创作了《马尔吉特斯》这部谐拟史诗（见《诗学》第四章，1448b30）。对亚里士多德而言，这三部史诗共同体现了荷马诗艺的高超技巧,一方面是对于"情节结构"(即一个有首有尾、因果相连的单一行动)的高明设计,成为"戏剧"尤其是"悲剧"情节的典范;另一方面是荷马在叙事诗体当中大量使用对话,预示并初步勾勒了后起的"戏剧"形式。从这两方面来看,荷马既是"悲剧"也是"喜剧"的最早来源。若以这样的标准来衡量,其他史诗例如同属"特洛伊诗系"的《塞浦路斯之歌》《小伊利亚特》等,绝不可能出自荷马。

此后,亚历山大里亚学者不仅承接了亚里士多德对荷马作品的判定,还进一步把荷马之名局限于《伊利亚特》和《奥德赛》这两部史诗;更有甚者,连荷马能否同时是这两部史诗的作者也开始出现争议。一些"分离派"(Chorizontes)学者如海拉尼库斯提出,鉴于两部史诗之间的巨大差异,荷马只可能是《伊利亚特》的作者,而《奥德赛》的作者乃一位无名的摹仿者;另外一些学者如阿里斯塔库斯以及后来的朗吉努斯(《论崇高》,IX,13)则认为,荷马是在人生的不同阶段创作了两部史诗,这也足以解释两者之间的差异。

　　以上整个历史过程，实质上是一种"审美判断"的结果。古风和古典时期，希腊人的美感迅速发展，两部荷马史诗的审美价值被充分体会，它们也与其他史诗作品逐步分离。作为"个人"（Person）的荷马及其"个性"（Persönlichkeit）的塑形便是这个过程的一种表现。"荷马"从笼罩于史前迷雾里的一位只知其名的诗人，逐渐成为一个"个人"，关于他的籍贯、生活年代与生平，他与其他史诗诗人如赫西奥德的竞争关系形成了生动的传说。由此可以得出如下结论："荷马"是一个"审美"概念，与荷马史诗关联起来的"荷马"，实质上代表了从审美角度对作品的整体性与统一性做出的判断，"荷马"作为个人的"个性"与荷马史诗作为作品的"整体性"互为表里。因此，尼采反问：

　　　　究竟是一个概念（Begriff）造就了一个个人（Person），还是一个个人造就了一个概念？这才是真正的"荷马问题"，也就是那

个居于核心位置的"个性问题"。(第257页)

他的解答是:

> 我们相信,《伊利亚特》与《奥德赛》的作者乃一位伟大的诗人,但荷马并非其人。……那位最神妙的天才——《伊利亚特》与《奥德赛》要归功于他——属于这个充满感激之情的后世,他也把自己的名字祭献在英雄史诗的远古鼻祖——荷马——的圣坛之上。(第266页)

因为从"荷马问题"的前史来看,"荷马"最初是英雄史诗这一文学类别的发明者——就像俄耳甫斯是弦琴诗歌和音乐的发明者——所有英雄史诗都归在他的名下;经历了古风与古典时期的荷马"个人"与"个性"的塑形过程后,荷马之名成为一种"审美判断"的结果,两部荷马史诗的"审美价值"也随着此种判断的深化而不断提高,它们的作者尽管并非最初的那位"荷马",

也就托名于这位英雄史诗的发明者而隐身其后了——就像后来的《俄耳甫斯诗集》托名于那位弦琴诗歌的发明者一样。

四

尼采重估"荷马问题",一方面阐明"荷马个性问题的哲学与美学基本特征"(第267页),另一方面对从事"荷马问题"研究的现代语文学者的"义理动机""价值判断"和"审美趣味"进行分析,真正的目的是由此展开对古典语文学的反思与批评。就职演说的题名(《论荷马的个性》)和正式出版的题名(《荷马与古典语文学》)之间的差异,如实道出了尼采的用心所在,那便是以"荷马问题"为例,深入反思当时的古典语文学,肯定它的局部价值,为它指引新的方向。他对这一宗旨如此解释:

[我]用一个例子来说明,古典语文学最具意义的进步,从未让我们远离理想的古

代世界，反倒是把我们引向它；正当人们不假思索地谈论古代圣地的倾圮之际，更新颖、更庄严的圣坛恰恰被建造了起来。（第15页）

《荷马与古典语文学》的一首一尾前后呼应，深入剖析语文学的当下处境，为"真正的"语文学进行辩护。演说起首，尼采直言古典语文学正面对两类敌人。第一类为公开的敌人，他们或嘲讽或仇视语文学，反对"古典理想"，他们是推重"现代"的"现实主义者"，崇拜自己和自己的时代胜过任何其他人和其他时代；另一类则为隐蔽的敌人，他们是以歌德和席勒为首的"古代世界的艺术之友"，仰慕古希腊的"高贵的单纯和静穆的伟大"，在这些"理想主义者"眼里，语文学恰恰是摧毁了"古典理想"的罪魁祸首。语文学之所以会同时招致"现实主义者"和"理想主义者"的反对，是由于这门学科在当时已成为一个"混杂体"，它的组成部分有历史学，也有语言学，同时也残留着些许"美学因素"，亦即用"古典理想"为当代确立的审美和伦理标准,另外还有与此密切相关的"教育因素",这是由"古典教育"从"古典理想"当中挑选出来的具有教学和教化价值的内容。但是,所有这些部分非但不曾有机结合起来,甚至还相互抵触、彼此掣肘,也就是语文学的"美学因素"和"教育因素"对古典世界的"理想化"和语文学的语言学和历史学组成部分对古典世界的"去理想化"之间的矛盾,这就导致了这门学科的"精神分裂"现象。

造成这种局面的深层原因,是十九世纪德国古典语文学的两个方向,历史科学精神主导的"古代学"(Altertumswissenschaft)和人文精神主导的古典主义(Humanistischer Klassismus)之间的对峙,以及前者的胜出和后者的衰退。古典语文学起初虽然是复原、理解和阐释古典文献的学术研究,但作为历史科学,根本目的在于对古代世界进行历史的重构,重现过去的真实。经过严格的历史研究方法训练出来的古典语文学者不再固守古典文献,而要以古代文明的整体为其研究对象，因此"古典语文学"在德国便扩展为"古代学"（Altertumswissenschaft），而"语文学"（Philologie）的内涵几乎与之等同。这成为德国古典语文学的主流，它致力于对过去的史实（Realien）进行全面而客观的研究，借此达到对古典文化的客观了解和整体复原。然而，历史主义古典语文学实质上是从当下的角度去理解古典文化，用古典学者自己的经验、趣味和价值观来衡量古典文化，寻找当代主流文化的根源，以自证其身。所谓"客观性"这一目标背后的"义理动机"是用"古代研究"来一次次地印证主流的现代价值观念，尤其是十九世纪大行其道的历史主义。

不过，古典语文学在德国滋生的土壤，却源自十八世纪后期温克尔曼、歌德和席勒等人宣扬的文学艺术领域里的"新古典主义"，在他们那里，"古典"是一种审美判断和趣味，意味着伦理和审美价值的典范。最早的古典语文学家（如沃尔夫，参见上一篇第二节）与这些奉行古典主义的诗人、艺术家、美学家和哲学家过从甚密，共同追怀古希腊的"理想世界"。此后，语言科学与历史科学主导的古典语文学渐渐与艺术和美学脱离，语文学家们的"艺术感受力与判断力"逐步枯萎，审美意义上的"古典"也被贬为非历史的虚构。即便在研究古典语言和文学之时，他们也不再措意于其中的"古典"特质，而代之以一种现代的、基于贫瘠的"形式和逻辑"的"审美趣味"，做出相应的平庸的"价值判断"。因此，他们也就无法从古典文化的角度来理解当下，重估我们自己的经验、趣味和价值观，思索古典文化与当代主流文化的根本差异，从中汲取批判的力量，寻求出路。

基于对语文学当下处境的剖析，尼采为"真正的语文学"所作的辩护在两个层面展开，分别面对"隐蔽的语文学之敌"和"公开的语文学之敌"。面对前者，作为语文学家的尼采选择站在他们一边，重新与这些"古代世界的艺术之友"结盟，但目的不在于重返"新古典主义"所崇尚的"高贵的单纯和静穆的伟大"，而是要深入古典文化和古典理想的真正根基。古典语文学已经

为我们打开了古典文化的"魔山"大门,这方面它功不可没。尼采用无可置疑的事实向"古代世界的艺术之友"发问:

> 你们对希腊精神用文字和图像创造的不朽作品无比景仰,并且以为你们自己要比与这些作品无缘的那一代人更加富有和幸运;但是,请不要忘记,这个充满魔力的世界一度被尘封,被堆积如山的各种成见和偏见压在底下;也不要忘记,我们这门学科里不计其数的青年才俊用他们的鲜血、汗水和殚精竭虑,才得以让那个世界重见天日。诚然,语文学并非那个世界的缔造者,并非那种不朽音乐的创作者,不过,作为一名技艺超群的演奏家,让那长久被遗忘在角落里、无法识读也无人问津的音乐再度响起,这难道不是一种成就,甚至堪称巨大的成就?(第29页)

但是,语文学者还要敢于独辟蹊径,深入这

座"魔山",探寻它最深处的奥秘。如此,他才能化敌为友,恢复并维持与"古代世界的艺术之友"的联盟,让语文学重获人文精神,成为"真正的语文学"。只有同"古代世界的艺术之友"结盟,才能提高语文学者的"艺术感受力与判断力",然后再凭靠语文学去发现古典文化最富生命力的精神根基,这就需要哲学的眼界来指引。此时,尼采话锋一转,用结语道出了最内在的心声:

> 对一位语文学者而言也是合宜的,将他为之奋斗的目标以及通往该目标的道路以简洁明了的方式表达出来,我希望如此便能做到,倘若我把塞内卡的一句名言颠倒过来:Philosophia facta est quae philologia fuit("语文学曾经所是,如今已转化为哲学")。这里所要表达的是,任何一项语文学活动必须被一种哲学的世界观所包围和限定,如此一来,凡是个别和零碎之物都有如碎屑一般化为乌有,惟有整体和统一之物才得以留存。(第30页)

尼采的这番肺腑之言,不啻为"语文学"所作的最有力的辩护,也就是要求"语文学"向"哲学"转化——让"语文学"从对经典的考证与甄别、诠释与评鉴上升到对经典背后的总体文化特征的观照;让"语文学"的各个组成部分合力,从古典文化建造新的更有力的理想,以此来理解当代文化,衡量、检验、批判和提高当代文化。

这也是在更深的层次上针对"公开的语文学之敌"做出的辩护,尽管此处不再提及这些"现实主义者"。他们彻底否定语文学的价值,或讥讽语文学泥古守成、无力创新,或痛斥语文学厚古薄今、逃避现实,而这才是对语文学更具摧毁性的批判。一个半世纪后的今天,此种批判的声音更加洪亮有力。想一想今日的荷马学者,随着荷马研究领域的高度专精化和碎片化,他们面对语文学的源头,古典文化最具本原性的经典——两部荷马史诗——只能不断地切割,切割到他们狭隘的精神能够胜任的尺寸,而作为整体的荷马史诗已经成比例地增长,庞大到让他们无法直面的地步，那么这样一种渺小的语文学面对巨型的荷马史诗就彻底破产了。讽刺的是，它恰恰用自己的胜利击败了自己，一步步蜷缩进自己狭隘的洞窟，与荷马史诗的精神及其对当代文化的作用失去关联。因此，语文学只有重新观照经典背后的总体文化特征，才能从中汲取创新的力量和针砭时弊的识见，发挥它的现实作用。总之，无论与"古代世界的艺术之友"再度结盟，还是同"现实主义者"针锋相对，都要求"语文学"向"哲学"的转化。

五

那么，从"语文学"转化而来的"哲学"，会是怎样一种"哲学"？我们且看此后数年，尼采如何沿着重新提出的"荷马问题"深入思索荷马史诗背后的总体文化特征。其中一个主导性的问题是：两部史诗尤其是《伊利亚特》里的众神与英雄世界的隐蔽根基何在？源自何种若隐若现的价值翻转？翻转的机制如何？经由此番思索，尼采对"荷马问题"的重估,从语文学层面上的"荷马的个性"问题转化成哲学层面上的"荷马之道"问题,而后者才是真正的"荷马问题"。

尼采的相关思考散见于当时所作的笔记,他原本打算用这些笔记撰写一部专著,题为《荷马的竞赛》,但后来放弃了该计划,而将一部分的主要观点集中于"序言"里道出,写成《荷马的竞赛》一文(此文为"五本未撰著作的五篇序言"之五,收录于 KSA 版第一卷),另一部分则化入《悲剧的诞生》一书(尤第三节)。因此,我们有必要将两者合观来理解尼采眼中的"荷马之道"。统而观之,尼采从荷马那里窥见一个"前荷马时代",这个时代正是古典精神及其价值取向的隐蔽来源,荷马史诗所展现的恰恰是对这一来源翻转之后的价值观。荷马虽然是艺术当中的"阿波罗精神"达至顶峰的代表,荷马史诗虽然构筑起"阿波罗文化"的圣殿,但他绝非大自然原初状态的自发产物,在他之前有着一段漫长而晦暗的过去,有如一道巨大的阴影矗立在他身后。针对席勒用来刻画荷马且广为接受的"朴素"一词，尼采提出异议：

> 凡在艺术中发现"朴素"之处，我们都必须认识到阿波罗文化的至高效果：这种文化总是首先要推翻提坦王国，杀死巨魔，并且必须通过有力的幻觉和快乐的幻想，战胜了那种可怕而深刻的世界沉思和极为敏感的受苦能力。（《悲剧的诞生》第三节，引自《尼采著作全集》第一卷孙周兴译本，第39页，译文有改动）

我们从两方面可以窥见发生于荷马的"朴素"背后的价值翻转。一方面是荷马史诗里的众神，特别是所谓的"奥林坡斯众神"，他们虽然高居于"阿波罗文化"圣殿的山墙之上，在他们辉煌壮美的形象背后，却矗立着更为古老的"提坦众神"的恐怖身影。尼采指出：

> 我们也许要这样来设想这个过程，即由于那种阿波罗的美之冲动，经过缓慢的过

渡，原始的提坦式的恐怖诸神制度演变为奥林坡斯的快乐诸神制度了，有如玫瑰花从荆棘丛中绽放出来。（同上，第37—38页，译文有改动）

"提坦众神"的世界以狡诈、暴力、残忍和恐怖为根本特征，而"奥林坡斯众神"推翻了"提坦众神"并将这些特征所代表的价值观念加以翻转。这一过程在荷马史诗里若隐若现，但在赫西奥德的《神谱》当中甚为明了，这部史诗把宙斯统领的"奥林坡斯众神"与克罗诺斯统领的"提坦众神"之间的王位更替之战呈现为新的宇宙秩序（及其价值观念）对旧的宇宙秩序（及其价值观念）的翻转，宙斯所代表的新的宇宙秩序以正义为其内在原则，体现于宙斯对荣誉和职责的公平分配以及对每位神明的"管辖领域"的尊重，而这个原则翻转且取代了提坦众神血腥恐怖的仇报原则。

价值翻转的另一方面是荷马史诗里的英雄，这些英雄表现出强烈的"竞赛精神"（agōn）——

一种追求优胜的竞争冲动,不仅在价值观念的层面(如荷马英雄信奉的"成为最优秀者"的价值观),而且还具体地化作各种竞争机制(如竞技赛会)。所谓"竞赛精神",也是尼采的巴塞尔同事,著名的文化史家布克哈特(Jacob Burckhardt, 1818-1897)在同一时期讲授的课程《希腊文化史》(*Griechische Kulturgeschichte*)里提出的主要观点(详见上一篇第五节)。或许正是受到布克哈特的影响,尼采开始追问,这种"竞赛精神"的背后究竟是什么样的"渴欲"和"天性"在起作用?为此,《荷马的竞赛》一文提出如下发人深省的问题:

> 为什么整个希腊世界对《伊利亚特》里的战斗场景欢呼雀跃?恐怕我们对此还没有用足够"希腊"的方式来理解,但凡我们用"希腊"的方式来理解,只怕我们不禁会毛骨悚然。在荷马世界这一切希腊事物的母腹背后,究竟隐藏着什么?(KSA版,第一卷第784页)

与现代人的"文明"观念背道而驰的是希腊人的"残忍的天性，一种兽性的毁灭欲"。最显著的例子莫过于阿基琉斯用马车拖曳赫克托尔的尸首并绕行特洛伊城的报复行为。虽然阿基琉斯此时已陷入疯狂之境无法自拔，但这一举动透露出某种深层的残暴性格，一个暴力冲动的"隐蔽核心"，我们从中能够窥见一个"充满令人惊怖的野蛮仇恨与毁灭欲的前荷马时期的深渊"（同上，第791页）。但是在荷马那里，围绕这个"隐蔽核心"恰恰形成了一个创造性的转化模式：把消灭对手转化为互相超越，把战争转化为竞技，把"毁灭性的争斗"转化为"建设性的竞争"。这个转化模式亦见于赫西奥德《劳作与时日》开篇提及的"两位纷争女神"，她们分别指代"毁灭性的争斗"和"建设性的竞争"，但荷马的英雄世界比赫西奥德的农人世界更为戏剧性地展现了两者之间的转化。

同样的情形也出现于荷马史诗里的"奥林坡斯众神"身上，他们背后是"提坦众神"的世界，那里涌动着一股强烈的非理性力量，代表了

"毁灭性的争斗"。那是一个幽暗恐怖的世界，赫西奥德《神谱》叙述的克罗诺斯对乌拉诺斯的残暴之举正是对那个世界的生动再现。荷马史诗将这种体现"提坦世界观"的"毁灭性争斗"翻转成体现"奥林坡斯世界观"的"建设性竞争"，从根基上奠立了古希腊最具特色的"争胜文化"。此后，荷马的竞赛精神推动了整个古典文化，体现于军事、政治、法律、社会制度、教育以及文学、艺术和思想各个领域，但希腊化时期的到来让这种竞赛精神走向了穷途末路。

归纳而言，在"新古典主义"盛赞的荷马史诗的"沉静与肃穆"精神背后，尼采窥察到一场殊死搏斗的痕迹，并以此为契机，发现了"理性"背后的非理性力量，"人性"背后的非人性元素（正是通过这一发现，尼采形成了自己的哲学思想里最为核心的"狄奥尼索斯学说"）。非理性如同理性，非人性如同人性，都是必不可少的，两者"在常新的相伴相随的创生中相互提升"（《悲剧的诞生》第四节），而最为关键的，是推动和促成这种创生关系的"转化机制"。相比之下，主流的历史主义语文学既不观照荷马世界的总体文化特征，更不去探究它的隐蔽根基，当然也就无力为当代文化的创生提供任何有意义的参照。

尼采对"荷马问题"的重估发端于《荷马与古典语文学》(1869)，这一重估要求语文学向哲学转化，从语文学上的"荷马问题"向哲学上的"荷马之道问题"转化，后者集中体现于《荷马的竞赛》(1872)与《悲剧的诞生》(1872)的相关论述。这场重估的根本要义是，荷马史诗这类经典文本的形成有其思想前史，不是"语文学"而是"哲学"更能洞见这一前史的精神实质，并据此对经典文本背后的总体文化特征做出判断，提出真正的"荷马问题"。这是因为，主流语文学的内部争论（如"解析派"与"统合派"之争）只触及"荷马问题"的"言"的层面，即 philo-logia 的语言、文字与文学的层面，并且是带着不假思索、不加批判的当代文化精神而为之，这就需要"哲学"即 philo-sophia 的"智慧"或"道"的层面来朗照其共通的"前提预设"("审美趣味""价值判断"和"义理动机"),突破当代文化的局限,返回古典文化的最高成就与根本特质所筑起的观察点,从这个观察点来理解、衡量和批判当代文化,获得创造未来文化的动力。因此,"语文学"只有与"哲学"保持一种"本质性争执",才能将自己的有效力量释放出来;语文学只有不断地向"哲学"转化,才能持留于自己的本质当中,不至迷失于语词的丛林。这个奥秘,让我们沿用本文开篇经过尼采倒转的格言,却凸出其中隐而不彰的词源涵义来一言以蔽之:

> 语词之爱曾经所是,如今已转化为智慧之爱!
>
> Philosophia facta est quae philologia fuit!

第三篇

"力争第一义"

青年王国维与古希腊美学和诗学

"诗歌乎？哲学乎？"

如同青年尼采徘徊于古典语文学和哲学，青年王国维（1877—1927）也对诗歌（文学）或哲学踟蹰不决。上篇已述，尼采之所以要在语文学和哲学之间选择，与他早年的求学经历密切相关，因为他自人文中学起接受的学术训练是古典语文学，而他的天性却偏向哲学。尼采没有像绝大多数人那样，任其天性所由，在语文学和哲学之间简单地取舍，反而展开了一场语文学和哲学之间的争执，对两者做出罕有其匹的别择——"语文学向哲学的转化"。其实，就个人性情而言，除了哲学，尼采对诗歌也钟爱有加，但他无需在诗歌和哲学之间抉择，一个重要的原因是，德国古典时期以来，特别是他本人深受惠泽的德国浪漫派，已然有机地结合了诗和哲学，诗被哲学化，哲学也被诗化，一种诗性哲学在德意志文化的土壤里早已深深扎根。故而,作为哲学家的尼采同时也是一位诗人,这再自然不过;非但如此,他还融合哲学和诗来追寻更高的真理,完美地体现于《查拉图斯特拉如是说》这部旷世之作。

王国维则不然。他之所以要在诗和哲学之间做出抉择,不单单缘于求学经历和个人性情,更是因为,诗和哲学在传统中国一直鲜少关联(甚至扞格不通),而鲜少关联的诗和哲学,倒是都被用来服务人伦教化和政治功利。撇开政治之目的,力主纯粹的哲学和文学,青年王国维是现代中国第一人,也是最奋勇当先者。他对"诗和哲学"特立独行的别择,转道德意志古典文化,汲引源自古希腊的西方诗性精神,在中国文化内部,前无古人地将两者融合了起来。

青年王国维的别择并非一蹴而就,是经由一个又一个不落流俗的选择逐步完成的。少年时代的他,与当时的书香子弟一样,入私塾,治举业,读四书五经,习诗文时艺。他自幼笃嗜古籍,酷爱考据,但甲午战争的失败把他从传统

"文史之学"的睡梦中唤醒,毅然转向"西学",这也是当时许多维新青年走上的共通道路。与众不同的是,王国维没有选择制造坚船利炮的西方科学技术或改革社会政制的西方政法之学。他勤习日文和英文,为的是借助这两种文字阅读西方文学和哲学的经典著作,以及教育学、心理学、社会学方面的论著。经过几年的"独学时代",他广博地涉猎西方文学,尤其对德国古典时期的文学家歌德和席勒钦慕不已,推尊前者的《浮士德》为欧洲近世文学之冠。同时,他还对深奥的康德哲学萌生浓厚的兴趣,并从康德转向叔本华,又从叔本华旁及尼采。王国维热衷于"西学"里最精深玄奥的"文哲之学",这一选择本身可谓独步一时,远远超出同时代学人。况且,他对康德的喜爱并没有让他止步于康德,或者把他引向一般认为是正统一路的康德后继者,即德国观念论的代表费希特、谢林和黑格尔的学说,倒是让他惊喜莫名地发现了旁出的一支,即叔本华和尼采所倡导的生命意志论,奉之为勘破宇宙人生真相的不二法门。这一选择极能体现他对哲学卓尔不群的诉求：不是从概念出发，如同德国观念论者那样，去构造由概念编织起来的体系，而是从直观出发，像叔本华和尼采那样，去体验并把握宇宙人生的真相。

沉浸于文学和哲学有年的王国维，却发现自己面临一个根本的困境，这也是无论古今中外凡有志于"文哲之学"的青年学子都会遭遇的困境：究竟从事文学和哲学的学术研究还是独立创作？前者最终停留于文学史和哲学史的知识性探究，而后者才真正地上升为文学上和哲学上的有所作——诗歌的创作或哲理的发明。绝大多数学子不假思索地选择前者，因为那是更有保障更加安稳的一条道路，甚至还能把他们带往很高的学术荣耀和地位；可一旦扪心自问，他们心里不免萌生一种愧疚之感，尽管已被埋藏到无意识的深处，却仍然隐隐作痛，因为他们心知肚明，自己背叛了原本有志于"文哲之学"的初心。

王国维绝非大多数学子所可比拟。自1903年春夏分别接触到康德和叔本华的哲学著作起，他便自命"哲学专攻者"，立志成为有所创辟的哲学家，跻身"第一流作者"。他对叔本华的天才说情有独钟，赞同叔氏所言，天才者，思而得之者，非学而得之者。天才具洞彻之直观，伟大之知力，创造之思想，故不甘于发人所已发，必定直面宇宙人生，对其本相进行直观，中间不能有任何阻隔，尤其是道听途说的或书本上读来的二手知识。这样的阻隔愈是被清除尽净，就愈有可能直观并勘破本相。

然而，数年的研读让他感到力有未逮，心生苦闷，此种心情他在著名的《自序（二）》里笔之于书：

> 此外所谓哲学家，则实哲学史家耳。以余之力，加之以学问，以研究哲学史，或可操成功之券。然为哲学家，则不能；为哲学史，则又不喜。(《自序（二）》，1907年5月刊于《教育世界》第148号，收入《静安文集续编》，引自《王国维遗书》，上海书店出版社，1983年，第五册，下同）

这个"不能"与"不喜"的两难真是振聋发聩！更令人叹赏的是，他要奋力突破这个两难。首先要抛却"不喜"的哲学史研究，纵使"或可操成功之券"，亦不降格以求，专门诠释他人的思想，走上让绝大多数青年学子循规蹈矩的哲学史研究之路。其次，面对"不能"，他也要独辟蹊径。然而，蹊径往何处寻？

这篇《自序（二）》及前一篇《自序》均作于1907年，正当王国维而立之年，也是他专治"文哲之学"时期（1898—1913）的一个转折点。1898至1907这十年间，他偏重西洋哲学，尤诗学、美学和教育学，此一时期的著述集中撰写于后五年，即1903至1907年，刊发于他主编的《教育世界》杂志，这些论说文大多收入自编的《静安文集》（1905）及身后由门人编辑的《静安文集续编》（1936），其中最受瞩目者为《红楼梦评论》（1904）。《自序》以后的五年，即1908至1913年年初，王国维转向了传统词曲的研究，此一时期的著述主要刊发于《国粹学报》和《国学丛刊》，其中最受瞩目者为《人间词话》（1908—

1909）以及《宋元戏曲考》(1913年年初)。(自此以后，各种复杂因素的作用下，他又返回古史考证之学：从哲学转入文学，却又从文学转入史学，未免令人怅然；不过"后期王国维"或与"青年王国维"仍有千丝万缕的联系，值得深究，但这与本文主旨关系甚微，不在论列范围。)

转折的关键原因，如《自序（二）》所述，是"填词之成功"：

> 近年嗜好之移于文学，亦有由焉，则填词之成功是也。余之于词，虽所作尚不及百阕，然自南宋以后，除一二人外，尚未有能及余者，则平日之所自信也。虽比之五代、北宋之大词人，余愧有所不如，然此等词人，亦未始无不及余处。

生来禀赋"忧郁沉潜"之质的王国维，自少年时期便吟诗作赋，抒发生命感悟，其中的50首集作《静安诗稿》，作为附录收入《静安文集》(1905)。嗣后，当他进入专攻康德、叔本华哲学的时期,也"于治哲学之暇,兼以填词自遣",这些词作共104阕,题名《人间词》,分为《甲稿》和《乙稿》单独刊行。此外,他还有志于戏曲创作,但未能实现,转而从事传统戏曲的历史研究和文学批评。

对自己的诗词创作王国维自命甚高,"不胜古人不足以与古人并"是他的自我期许(《人间词》序一,托名"樊志厚"的两篇序言应该都出自王国维自己的手笔)。故而,1908年以后王国维转向传统词曲的研究,是因为有了"填词之成功"的保障。既已跻身"第一流作者",转而研究传统词曲,目的是辅助诗词乃至戏曲的创作,让创作从传统当中别开生面,用创作扭转传统的格局。这可以反过来验证"哲学家抑或哲学史家"的选择:倘若能够首先成为自出机杼的第一流哲学家,那么顺带从事哲学史研究,又未尝不可?但若没有前者的保障,必流于人云亦云,沉湎于书本知识而丧失对宇宙人生的直观,这万万不可。

耐人寻味的是,当王国维"疲于哲学有日

矣",并满心欢喜于"填词之成功",却依然踌躇不决,对"诗和哲学"两者都无法割舍:

>余之性质,欲为哲学家则感情苦多,而知力苦寡;欲为诗人,则又苦感情寡而理性多。诗歌乎?哲学乎?他日以何者终吾身,所不敢知,抑在二者之间乎?(《自序(二)》)

"诗歌乎?哲学乎?"——为何在决定性地选择诗和文学之际,仍旧对哲学依依不舍?这里的设问"抑在二者之间乎?"已透露消息:王国维终于选择了诗歌,包括诗词创作(以《人间词》为代表)和诗学论述(以《人间词话》为代表),却是经过了哲学淬砺的诗作和诗学,叔本华和尼采哲学尤其美学被化用于"力争第一义"的诗词创作和诗学论述。哲学的运思直观宇宙人生的本相,而诗歌的创作用美的显现来表出直观的本相,让宇宙人生的本相充溢于大美。运思和作诗两者不可或分,哲学家擅长前者,诗人擅长后者，只有极少数的"诗哲"（"诗人哲学家"或"哲学诗人"）两者兼备，让运思和作诗相互提升，直抵宇宙人生本相的"第一义"，而王国维恰恰立志成为其中的一员。

这是他一系列选择里的最后也是决定性的一个，完成了属于他自己的别择——德国哲学家叔本华和尼采背后，还有德国古典时期的文学家歌德和席勒背后的希腊悲剧主义和诗性精神。王国维博览西方哲学和文学（除德国，主要还有英国和俄国），但最让他倾心的是与古希腊精神的关系比其他欧洲各国更紧密的德国哲学和文学。尽管对古希腊本身涉足不多，却凭着他超人的悟性，透过叔本华和尼采、歌德和席勒把握其精髓。从根本上说，青年王国维对诗歌和哲学"二者之间"的别择正是对希腊悲剧主义和诗性精神的别择。

"化合中西"

王国维的别择,发自融合"诗与哲学"的内心诉求,他立志成为"诗哲",为自己的人生选择"力争第一义";而别择的落脚点却在中国文化上,也就是要让"诗与哲学"的融合改造中国文化的根本精神,为中国文化"力争第一义"。之所以有此种可能性,是因为中国文化由于"西学"的到来,必然如佛教的到来一般,改变其基本格局和根本精神:

> 外界之势力之影响于学术,岂不大哉!自周之衰……诸子九流各创其学说,于道德政治文学上灿然放万丈之光焰,此为中国思想之能动时代……佛教之东……自六朝至于唐室而佛陀之教极千古之盛矣,此为吾国思想受动之时代。然当是时,吾国固有之思想与印度之思想互相并行而不相化合,至宋儒出而一调和之,此又由受动之时代出而稍带能动之性质者也……至今日而第二之佛教

又见告矣，西洋之思想是也。(《论近年之学术界》，1905年2月刊于《教育世界》第93号，收入《静安文集》)

中国文化自秦汉以来，但凡进入一个新的"能动"时期，必取外来之思想与"吾国固有之思想"化合。一种文化依靠自身（能动）所创造的最高文化价值，以及接受"外界势力之影响"（受动）以后，没有停滞于受动，而又趋于能动所创造的最高文化价值，两者同样标志着该种文化的生命力。就后一种也就是"化合中西"的情形而言，不单单要对传统文化的最高价值进行事实性的描述和历史性的探究，更有必要的是对之进行重估，推倒或翻转传统文化的价值判断，重新确立最高的文化价值。

从中国文化的上一个受动阶段来看，由汉及唐，佛教思想与"吾国固有之思想"并行千年而不相化合，至宋儒出而渐渐从受动转为能动。当时的化合必定发生于根本精神的层面，才会产生真正的能动力。现今的受动阶段，缘于西方思想的东渐，此一东渐过程也要抵达根本精神的层面，方能与"吾国固有之思想"化合。抛开晚明耶稣会士传入的基督教不论，单就学术言之，西方的形下之学如数学和自然科学与"吾国固有之思想"关系甚微，难以化合，而同样属于形下之学的政经法类社会科学，虽可与"吾国固有之思想"发生某种关联，却仍未达乎根本精神的层面。唯有形上之学，即哲学和文学，才是西方思想的精神之源。真正的化合，是化用西方哲学和文学的根本精神，与吾国传统文化相参融，用此种精神改造旧文化，再造新文化。

这一层面上已有的"化合中西"尝试（王国维的时代有康有为和谭嗣同，近来则有"今文古典学"），却让哲学为政治目的服务，让文学为政治教育服务，故两者均沦为政治的手段，大背于其根本精神。然则，何为西方哲学与文学之根本精神？一言以蔽之，曰"独立"。西方哲学和文学，对其独立地位和价值的追求，始于古希腊，此后偶或中断，近代以来又重振于德国古典及浪漫时期。所谓"独立"，就是哲学和文学有其自身之目的，既不假外求，也不充作手段，尽力发挥其自身之价值，实现其自身之目的。哲学和文学自身之目的，既有相同之处，亦有区别。王国维于稍后所作的《论哲学家与美术家之天职》（1905年5月刊于《教育世界》第99号，收入《静安文集》）一文对此加以分疏：

> 夫哲学与美术（引者按：王氏所谓"美术"，"美的艺术"也，包含文学在内）之所志者，真理也；真理者，天下万世之真理，而非一时之真理也。其有发明此真理（哲学家）或以记号表之（美术）者，天下万世之功绩，而非一时之功绩也；唯其为天下万世之真理，故不能尽与一时一国之利益合，且有时不能兼容，此即其神圣之所存也。

宇宙人生之"真理"，是哲学和文学（以及其他艺术门类如绘画、雕塑和音乐）的共通目的，哲学家论说阐明之，文学家用语言艺术表出之。此种"真理"，系对宇宙人生的直观和体验，源于并返回个体的生命势力，无需一时一地的政治势力之助，亦不充作其手段。哲学家和文学家的神圣天职，是捍卫哲学和文学的此种"独立之价值"，尽其所能地将之发挥到极致。一旦服务于一时一地的政治势力和道德教化，则哲学和文学的"独立之价值"沦亡澌灭，哲学家和文学家的"神圣之位"玷辱亵渎。

吾国传统哲学与文学之最大弊端，是缺乏纯粹之哲学与文学的兴趣，哲学家和文学家大多兼欲为政治家，施展其一时一地的政治抱负。西方哲学和文学，固然也不乏发明"一时之真理"为当世所用者，然其根本精神，却不是政治的、道德的，而是实现"独立之价值"的纯哲学和纯文学。纯粹的哲学，旨在发现宇宙人生之真相，把人之存在置于宇宙万物之存在当中，从后者来解释前者，说明人之存在的意义；纯粹的文学，旨在直观宇宙人生之大美，同样把人之存在置于宇宙万物之存在当中，从后者来朗照前者，昭示人之存在之美。纯粹的哲学和纯粹的文学，分别在"真"和"美"的领域里，实现其"独立之价值"。更进一层的是,纯粹的哲学与纯粹的文学还彼此争衡,相互推助:文学直观的宇宙人生之大美,要用哲学发现的宇宙人生之真相来测量其深度,而后者也要用前者来彰显其力度。各司其事,哲学之真和文学之美轩轾难分;融为一体,美之真和真之美达致最高真理。

此种根本精神导源于古希腊,首先有具"独立之价值"的纯文学始于荷马,至阿提卡悲剧和喜剧而发扬光大,它用神话和神话思维(muthos)来划定"美"的领域,关于众神和英雄的神话即史诗成为纯粹的文学之始,其中的悲剧精神围绕英雄,生成一种崇高悲壮之美,喜剧精神围绕众神和凡人,生成一种滑稽谐趣之美。其后有具"独立之价值"的纯哲学始于前苏格拉底哲学家,至苏格拉底、柏拉图和亚里士多德而发扬光大。纯粹的哲学反对神话和神话思维,用理性和理性思维(logos)来划定"真"的领域,宇宙万物之本原和演变,人之由来和境遇,成为纯粹的哲学之始。其中的伊奥尼亚"格物之学"(historia)致力于探究宇宙万物的原理,求得真知，意大利南部和西西里的"爱智之学"（philosophia）致力于探究灵魂之本性与超脱，体认真理。古希腊最伟大的哲学家柏拉图不仅统合了这两条哲学的路径，而且还超越纯粹的哲学，与纯粹的文学结合，达致古希腊文化的"第一义"。

在古希腊，哲学与文学的结合，既可以像柏拉图的对话录那样，表现为具有高度文学性和戏剧性的哲学著作，还可以像赫西奥德的史诗和索福克勒斯的悲剧那样，表现为深蕴哲思的文学作品。不惟如此，此种结合还更为显明地体现于古希腊诗人的诗论和哲学家的诗学，即标举"诗言真"的"言真诗学"以及从悲剧精神当中提炼出来的"悲剧美学"。源自古希腊的文学（诗）和哲学的"独立之价值"，以及对"诗与哲学"加以融合的纯粹之诗学和美学，才是王国维"化合中西"的根本精神。用"悲剧美学"和"言真诗学"来观照和重估传统中国文化，衡定其价值，化合"吾国固有之思想"，王国维最早开其端绪，尚待吾辈更做一番推衍，发其应有而未竟之意。

"悲剧中之悲剧"

《红楼梦评论》(1904年6—8月间刊于《教育世界》,收入《静安文集》,以下简称《评论》)是王国维"化合中西"的首次重要实践。他运用西方的"悲剧美学",与这部集"吾国固有之思想"之大成的伟大小说相"化合",尝试从中推衍出一种悲剧精神,以便改造中国文化的根本精神。

西方的"悲剧美学",质言之,是把美当作真的外观,把美的艺术当作真理的显现,把悲剧当作美的艺术的最高门类,悲剧用最高的悲壮之美昭示宇宙人生的真相,是最高真理的最高显现。这不仅是一种美学理论,更是一种世界观和生命观,赋予人生最高价值和意义。对王国维而言,悲剧美学在他熟读的叔本华《作为意志和表象的世界》第三篇里得到系统的阐发,还在他并不陌生的尼采《悲剧的诞生》里登峰造极,但叔本华和尼采其来有自,背后矗立着深厚的古希腊悲剧文化:一方面是荷马史诗到阿提卡悲剧所展现的悲剧精神，另一方面是前苏格拉底哲学家到柏拉图和亚里士多德那里达到高峰的悲剧美学，两者都能推进王国维所尝试的"化合"。

对柏拉图哲学的自我界定至关重要的"哲学与诗的古老纷争"，争执的焦点是两者之中，何者达乎真理，位居希腊文化的最高成就？诗人和哲学家，孰能掌握真理，堪当希腊文化的最高典范？这场纷争具体表现为真正的哲学家苏格拉底把最大的诗人荷马从他依据真理建立的理想灵魂-理想城邦当中驱逐了出去，但他没有让诗人一走了之，也欢迎诗人返回，以真理为标准为自己辩护。嗣后，亚里士多德起而为诗一辩，他对诗的哲学辩护，也是持以"真理"的标准，认为诗比历史更富于哲学意味（"诗描写可能发生的事，历史描写实际发生的事"），也就是更接近真理（尽管还比不上哲学）。因此，若要让他们师徒对文史哲排序，排序的标准只能是真理，而根据三者对真理的把握程度，顺序必然是哲学、文学和历史。

无论亚里士多德还是柏拉图，他们之所以要

让哲学胜过诗一筹，原因就在于，他们竞比的对象是荷马这位古希腊最早也是地位最高的诗人。荷马那样的诗人主宰着真理，而后起的哲学家要与诗人争锋，就必须在真理的领域里与之竞比。那么，诗人主宰的究竟是怎样一种真理？那是一种特殊的话语，神话的话语，它叙说众神和英雄的世界，昭示宇宙和人生的真相。对真理的这一诉求也为哲学家所继承，不过他们反对诗的神话话语，要用更为理性的哲学话语取代之。哲学家宣称，只有他们的哲学理性才能通达真理，即宇宙和人生的真相，而诗人的神话，除去许多的虚言和诳语，余下的属于美的范畴，不过美也是对真理的一种显现。所以，哲学和诗都是对真理的言说，哲学论说的真理，在诗那里，成为取道于美对真理的显现。因为美的本质是对真的显现，美和真不相上下，尚美的艺术和求真的哲学并驾齐驱。

同样，根据让真理显现的程度，可以对所有美的艺术门类及每个门类内部进行排序，从最低级的尚具部分实用功能的建筑，到最高级的全无实用功能却能完整地表现宇宙和人生的文学。文学当中，叙事的文学高于非叙事的文学（如抒情的文学），因为前者主观的成分更少些，能比后者更完整地表现宇宙和人生；叙事的文学里，叙事诗（主要指史诗和戏剧诗）又高于叙事的散文（如小说），因为诗的精神比散文更接近美及美对真的显现；叙事诗（史诗、悲剧和喜剧）里，悲剧不仅比喜剧更高，甚至还超过史诗，因为悲剧比史诗还要客观，是完全没有叙事者的叙事。因此，悲剧居于最高的位置，为一切美的艺术之冠。

这种艺术门类及文类的高低论，王国维接受自叔本华《作为意志和表象的世界》第三篇（第43—51节）的系统论述，例如《评论》第一章提及"美术中以诗歌、戏曲、小说为其顶点，以其目的在描写人生故"，及《评论》第三章直言"叔本华置诗歌于美术之顶点，又置悲剧于诗歌之顶点"。叔本华的思想来源是古希腊，古希腊人有着清晰而发达的艺术门类和文类意识，最早把史诗和悲剧推尊至所有艺术门类的最高地位，而其中悲剧比史诗更高，因为它是对史诗的完成。当然，叔本华的系统比亚里士多德《诗学》更为庞大和精密，但正如亚里士多德和柏拉图，他也使用了一条贯穿始终的标准来衡量美的艺术及其分支，那就是"真理"——他具体称之为"意志之客体化"。

再者，居于最高地位的悲剧，还可进一步品鉴高低，甄选出"悲剧中之悲剧"。王国维如此引述叔本华的分析：

> 由叔本华之说，悲剧之中，又有三种之别：第一种之悲剧，由极恶之人，极其所有之能力以交构之者；第二种由于盲目的运命者；第三种之悲剧，由于剧中之人物之位置及关系而不得不然者，非必有蛇蝎之性质与意外之变故也，但由普通之人物，普通之境遇，逼之不得不如是。彼等明知其害，交施之而交受之，各加以力而各不任其咎。此种悲剧，其感人贤于前二者远甚。何则？彼示人生最大之不幸，非例外之事，而人生之所

> 固有故也。(《评论》第三章,参见叔本华《作为意志和表象的世界》第51节,石冲白译,商务印书馆,1982年,第352页)

叔本华的分析化用了亚里士多德对悲剧情节(muthos)的论述(参见《诗学》第十三章),但他更紧密地把悲剧情节与悲剧对真理的显现结合起来。三种悲剧里,只有第三种是对人生真相的开显,用悲壮之美朗照人生之苦痛及其解脱,赋予苦痛和解脱最高的意义,而不像第一和第二种悲剧,将人生之不幸归咎于外界的势力,如"极恶之人"或"盲目的运命"。因此,第三种即"悲剧中之悲剧"最完美地呈现了悲剧美学,洋溢着最高昂的悲剧精神。

用上述悲剧美学衡之,中国古代叙事的文学并不发达,而叙事的文学里,叙事的散文(小说)又超出叙事的诗歌。就叙事的诗歌而言,史诗无论矣,戏剧诗(戏曲)后起,成就也不高。戏曲当中,悲剧极为稀有,第三种悲剧更是无从寻觅。极少数接近悲剧的传统戏曲当中,孔尚任的《桃花扇》算是佼佼者,但该剧"虽具厌世解脱之精神",其解脱却是"他律的",从情节结构上看是幼稚的。原因在于,作品的主旨乃"借侯李之事,以写故国之戚",并非描写"人生之真相",用悲剧之美来开显真正的"解脱之道"。(顺带提及,十年后王国维考证传统戏曲的源流演变,撰成《宋元戏曲史》一书,其中第十二章"元剧之文章"提出"明以后,传奇无非喜剧,而元则有悲剧在其中……其最有悲剧之性质者,如关汉卿之《窦娥冤》、纪君祥之《赵氏孤儿》。剧中虽有恶人交构其间,而其蹈汤赴火者,仍出于其主人翁之意志。即列于世界大悲剧中,亦无愧色也。"不过,此论失之笼统,此时的他也无意再用"三种悲剧说"做出具体的分析了。)

无奈之下,王国维只得转向叙事散文当中的小说,慧眼甄别出《红楼梦》作为中国绝无仅有的"悲剧",并将之推举到"悲剧中之悲剧"的崇高地位。《红楼梦》之独一无二,首先在于它迥别于其他的小说戏曲,完全服务"美的艺术"本身的目的:它提出并解决人生的根本问题,即

"人生之欲"（尤"男女爱欲"）的问题，由此昭示人生之真相及解脱之道；更进一步地，《红楼梦》用悲剧之美来开显人生真相和解脱之道的真理，示宝玉的"解脱之道"为"美术的""悲感的""壮美的"，符合"第三种悲剧"的精神和情节结构。

经过"悲剧美学"的化合，《红楼梦》里的"吾国固有之思想"，包括神话故事、佛道的"出世"思想，都被推向一种悲剧精神。《评论》落笔第一、二句即为老庄，直指人生之本质的问题，从老子的"忧患"和庄子的"劳苦"引出"人生之本质为欲和苦痛"的观点，这种"吾国固有之思想"深深地蕴含于《红楼梦》。《评论》尽管暗中运用叔本华的理论对此种思想略加系统化，字里行间仍不出道家精神。不过，论说随即转入"悲剧美学"对人生问题的解决，也就是用美的艺术来超脱"人生之欲和苦痛"，用最高的美的艺术即悲剧来开显人生之真相及其解脱之道，却把《红楼梦》本身提到了比其中的佛道出世思想更高的地位。换言之，《红楼梦》作为一部悲剧，其根本精神并不等同于佛道的出世思想，而是将之包容于悲剧精神当中。

整部小说的神话框架，也并非如明清小说的类似手法，随意牵强地套用，且与道德教化无关，而是用神话开辟出文学的独立领域，洞观人生之真相。《红楼梦》"开卷即下男女之爱之神话的解释"（《评论》第二章），终卷又返回神话，以"还玉之言"昭示真正的解脱之道（同上）。这个神话框架，可以归纳为宝玉最初的"由石化玉"（人生之欲）和最后的"由玉化石"（欲之解脱），而小说主体所叙述的漫长的解脱之道是一出"悲剧中的悲剧"。宝玉的"人生之欲"被释放到最大限度，淋漓尽致地体现于大观园里的花团锦簇、富丽堂皇和儿女情长，直到最后从这一切当中得到解脱而达致悲壮之美。

"大背于吾国人之精神"

王国维盛赞《红楼梦》，誉之为"绝大著作"（《评论》第一章），"我国美术上唯一大著述"

（《评论》余论），足以跻身"宇宙之大著述"，与另一部"宇宙之大著述"《浮士德》比肩（《评论》第二章），推崇备至到了空前绝后的地步。他之所以表彰《红楼梦》，不仅因为这部小说称得上"悲剧中之悲剧"，更因为"此书之精神，大背于吾国人之性质"（《评论》第二章）。绝大多数的传统戏曲小说都属于喜剧，体现"乐天之精神"，而"《红楼梦》一书，与一切喜剧相反，彻头彻尾的悲剧也"（《评论》第三章）。

我国古代固然没有像古希腊那样发达的文类高低论，但传统的戏曲小说大多回避悲剧，偏爱喜剧一路，却是显见的事实，也如实反映了戏曲小说浸润其中的传统文化精神。悲剧和喜剧这两个概念，若用来严格对译古希腊的 tragōidia（英语 tragedy）和 komōidia（英语 comedy），当然无法准确描述我国传统戏曲和小说的类型；但是，广义的悲剧和喜剧——前者偏重人生之根本苦痛及与之抗争的悲壮结局，后者偏重人生之种种矛盾及解决矛盾的圆满结局——却大体适用。国人酷爱喜剧，尤其体现于对"诗的正义"的偏执：

> 又吾国之文学，以挟乐天的精神故，故往往说诗歌的正义，善人必令其终，而恶人必罹其罚，此亦吾国戏曲小说之特质也。（《评论》第三章）

关于"诗的正义"，也就是通常所谓的"大团圆"结局，亚里士多德讨论"悲剧情节"的结构时已经明言："第二等是双重的结构，有人认为是第一等，例如《奥德赛》，其中较好的人和较坏的人得到相反的结局。由于观众的软心肠，这种结构才被列为第一等；而诗人也为了迎合观众的心理，才按照他们的愿望而写作。但这种快感不是悲剧所应给的，而是喜剧所应给的。"（亚里士多德《诗学》第十三章，罗念生译文）亚里士多德并不迁就大多数普通观众的趣味，坚持用悲剧高于喜剧的标准，主张悲剧的情节结构和结局应当有别于喜剧的"善恶有报"和"大团圆"，还据此对两部荷马史诗做出评判，坦陈《奥德赛》不如《伊利亚特》，后者才是真正的悲剧。这个评判也为古希腊及后世的有识之士所接受。

国人之所以痴迷"诗的正义",是因为一味追求喜剧快感,对悲剧快感却要陌生许多。何为悲剧快感?王国维直接引用亚里士多德的"净化说"(katharsis)加以解释:

> 昔雅里大德勒(今译亚里士多德)于《诗论》中,谓悲剧者,所以感发人之情绪而高上之,殊如恐惧与悲悯之二者,为悲剧中固有之物,由此感发,而人之精神于焉洗涤。(《评论》第三章)

其实,悲剧所引发的情感,不惟"恐惧与悲悯",其特点是一种壮美之感,而一切壮美之感,包括庄严崇高、肃穆虔敬、神秘莫测、惊异莫名等,都能对人的情感起到心理疏导和审美升华的作用。比之于讽刺谐谑和幽默滑稽等喜剧快感带来的情感上的短暂释放和愉悦,悲剧带来的"壮美感"更能对情感产生持久的震动和提升。

本来,悲剧和喜剧是看待人生的两种态度,对普通人而言,尽可根据各自的性情,各有所好，各取所需。然而，对一种文化的根本精神而言，悲剧必先于喜剧，高于喜剧，因为悲剧表现人生和宇宙的真相——苦痛和忧患、冲突和争斗——深入探索这真相，绝不用普通人喜闻乐见的轻松谐趣和皆大欢喜来回避这真相，而恰恰要对之穷根究底，直至锤炼出面对真相的最大承受力——承受力的大小决定了能否将之转化为该种文化的动力和创造力，形成深邃厚重的悲剧精神。面对宇宙人生之真相，文化上的"乐天之精神"是中途折返的回避，悲观的出世精神也是无力承受的另一种回避；唯有直面真相、勇于承受的悲剧精神才能铸就文化的牢固基底，成为文化中最优秀个体的最终依归。

面对人生的苦痛，儒家过于乐观，认为"苦其心志，劳其筋骨"云云，只是暂时的，凡能通过考验者，必将抵达幸福的彼岸；佛家道家又过于悲观，以为人生之苦痛无往而不在，必须从中脱离，彻底否定生命意志，方能抵达解脱的彼岸。悲剧精神则取其中道，肯定苦痛虽为人生之本质，却也是通向伟大的英雄人生的必由之路；

并且，这苦痛乃是无尽的，伴随人生之始终，一旦个体出离了苦痛，也就沦为虚度人生的凡夫俗子不值一提，因为个体的生命价值恰恰与他所勇于承受并战胜的苦痛的程度成正比。故此，苦痛与人生相伴，既不应当彻底从苦痛中解脱（如佛道），苦痛亦非有待克服的人生阶段（如儒家），而是被肯定的、因其巨大程度而反过来释放出超常的生命力量、实现人生之伟大的必由之路。

作为"悲剧中之悲剧"，《红楼梦》不仅超越了儒家对待人生之苦痛的乐观主义，而且也极力克服佛家和道家的悲观主义，向着一种悲剧精神迈进。王国维让《红楼梦》与"欧洲近世文学第一"的《浮士德》比肩，参校异同，正足以彰显《红楼梦》之悲剧精神（《评论》第二章）。不过，他认为两者的根本差异在于浮士德乃天才，其苦痛乃天才之苦痛，宝玉乃人人，其苦痛乃人人所有之苦痛，却不免失之毫厘。试问，那"听《寄生草》之曲，而悟'立足之境'；读《胠箧》之偏，而作'焚花散麝'之想"的通灵宝玉，岂非远超常人的天才？"人人"即便感受人生之苦痛，又岂会追求解脱，领悟人生之真相？若必要以《评论》第一章"于是天才者出，以其所观于自然人生中者，复现之于美术中"云云来衡定"天才"，则浮士德亦非天才，惟歌德足以当之。其实，《浮士德》与《红楼梦》都表现了天才——一种文化中最优秀的个体——从"人生之苦痛"当中解脱，但却展现了两种不同的解脱之道及其背后的推动力。明乎此理，方能借助悲剧美学对《红楼梦》的"化合"，将其悲剧精神推向更为深远的境界，同时超越乐观主义和悲观主义的传统精神。

《浮士德》的解脱之道是"灵魂的超拔"，灵魂超拔于自然状态的万物之上，直至神性的强大存在，最后达致"与神合一"的状态，灵魂飞向神性的怀抱，感受"与神同在""与神合一"的巨量充盈，即全剧结尾的"永恒的女性之力，引领我们飞升！"（das ewig Weibliche, zieht uns hinan!）的终极境界。"引领我们飞升"的力量，那"永恒的女性之力"，可以是德意志的格蕾卿，也可以是古希腊的海伦，还可以是基督教的圣母玛丽亚。故此，从小世界到大世界的自然万物之美、文学艺术之美、生活和青春之美无不助力于超拔，灵魂就像攀登柏拉图的"爱之阶梯"，一步步超越，最终抵达"美本身"，也就是神性本身。

《红楼梦》的解脱之道是"心灵之无化"，心出离受其役使之身，返回自然状态的万物，逍遥于万物，消融于万物，最后达致"无生之域"，与万物同归，即所谓"落了片白茫茫大地真干净"的终极境界。这个解脱的过程是"欲之石化"（"由玉化石"），是对"由石化玉"的反转，必赖其淋漓尽致地实现方能完成，即开篇所谓"到那昌明隆盛之邦，诗礼簪缨之族，花柳繁华地，温柔富贵乡去安身乐业"，遭遇那"闺阁中人"，钟情于"几个异样女子"。大观园内的自然万物之美、文学艺术之美、生活和青春之美也都助力于解脱，是最终的解脱得以发生的必备前提。

无论"无化"还是"超拔"的解脱方式，都直面人生之苦痛。人生之苦痛，其根本在欲望之不满足，而欲望根据其对象有小大之分。凡夫俗子不满足之欲望对象乃世间易得之物，从口腹之欲到男女之欲再到灯红柳绿纸醉金迷，皆非世间稀有，众人趋之若鹜，得之则心满意足，失之则惘然苦闷，此种苦痛，其程度甚小。若不满足之欲望对象乃世间稀有之物，如理想之爱情，不朽之声名，则苦痛随之增大。至若不满足之欲望对象乃世间无有之物，为超越人类存在之物，如与万物同归、与神合一，苦痛也会巨大无比，而一旦此种欲求得到满足，哪怕稍纵即逝的满足，苦痛转化为喜悦，那喜悦同样会巨大无比。《浮士德》和《红楼梦》描写这三种人生之苦痛，但其主人公最终都要直面第三种苦痛。

不过，"无化"的解脱方式，其对抗之力是一种羁绊和束缚，此即儒家礼教和人之天性的对立，《红楼梦》里表现为儒教辖治的成年世界与青春洋溢的大观园之对立：对宝玉心灵之解脱而言，儒教不过是束缚和羁绊，并无精神劲敌的反作用力（他留恋其中的大观园在他看来是逍遥于儒教羁束之外的美的世外桃源）。"超拔"的解脱方式，其对抗之力却是一股强劲的反作用力，此即魔性和神性之对立，《浮士德》里表现为梅菲斯托与上帝之对立：浮士德灵魂之解脱，梅菲斯托亦参与其中，不过是以一种朝着相反方向的力量，魔性和神性构成拉锯般的强烈张力，以至于灵魂向着神性超拔之高度取决于被魔性反向拉动的反弹力。

《浮士德》的"天堂框架"设定了这个历程，即浮士德在充分发挥其"魔性"力量的前提下，尝试通过各种方式，由小世界到大世界，他的精神潜能逐步拓展，最终达到"与神合一"的最高境界。这个框架并非简单地寓意"善必胜恶""上帝必胜魔鬼"，而是深刻地演示，人的灵魂要趋向至善必先就恶，要回归神性必先远离神性走上魔性之路。为此，应当超脱人世间之道德，从宇宙万物整体的视角思考善恶之本原：善即肯定和创造的力量，恶即否定和毁灭的力量；善恶必相互依存，相互增长。若上帝为至善之化身，魔鬼为至恶之化身，则上帝与魔鬼之对峙为宇宙万物之本然，上帝与魔鬼就浮士德的灵魂打赌，是将此种本然施之于人。所谓"与魔鬼订立契约"，就是让人身上的"魔性"通过浮士德的形象释放出来，发挥它的力量，激发出人类精神的更大潜能，从而获致向着更高的"神性"飞升的反弹力。全剧终了，上帝比梅菲斯托略胜一筹的胜利（梅菲斯托差点赢得浮士德的灵魂），才是最大的胜利，恰恰因为对手的强劲；反过来，上帝倘若战胜的是被贴上道德标签的不堪一击的对手，胜利也不值一提。

同样，《红楼梦》的神话框架也设定了宝玉的历程，"因空见色，由色生情，传情入色，自色悟空"的"由情入道"之路。这个框架并非简单地弃绝色和情，而是深刻地演示，若要入道，必先见色生情。"入道"即最终的"悟空"，相对于"空"的"空无化"，色和情乃是反向的"实有化"。要进入空无，必先远离空无，走上实有之路，只有情到深处才能最后"自色悟空"。为此，也要超脱人世间之道德，从宇宙万物整体的视角思考有无之本原：有即色和情的世界，无即空和道的世界；有无也必然相互依存，相互增长。若大观园为有的世界之象征,大荒山为无的世界之象征,两者对峙亦属宇宙人生之本然,茫茫大士和渺渺真人把石头带入人间历练一番,则是将此种本然施之于人。所谓"到那昌明隆盛之邦,诗礼簪缨之族,花柳繁华地,温柔富贵乡去安身乐业",就是让人身上的"情"通过宝玉的形象释放出来,宝玉愈是深陷有的世界,释放他身上的"情",他最后的入道便愈是透彻和圆融。整部小说当中,入道者并非宝玉一人,尚有惜春、紫鹃和柳湘莲等,彼等之入道未能跳脱弃绝苦痛的悲观主义,唯宝玉充分发挥"情"的力量,经历巨大的苦痛,其解脱才迈向悲剧精神的境界。

"偶开天眼觑红尘"

堪与《浮士德》媲美的"宇宙之大著述"《红楼梦》,一旦置入我国源远流长的古代文学传统,却是一个极大的特例。虽说从纯文学来看,叙事的文学要高于抒情的文学,但占据我国文学传统绝对主导地位的,并非叙事的文学,而是抒情的文学尤其抒情诗。抒情的诗词歌赋被奉为最高的文学类别,抒情的"诗言志"(还有后起的"诗缘情")观念成为诗歌创作的基本准则。因此,单单从我国文学传统相对薄弱而又晚成的叙事文学(宋元戏曲和明清小说)着手"化合中西",显然意犹未尽,必须直面悠久深厚的抒情诗传统及其"诗言志"观念,让"言真诗学"(姑且如此命名肇端于古希腊的西方"诗言真"传统,以与我国的"言志诗学"对举)统摄抒情诗,"化合"我国的抒情诗传统,造就一种真正的诗性精神,为中国文化别开生面。

王国维对《红楼梦》下了"哲学的也,宇宙的也,文学的也"的断语,与之相比,《桃花扇》则是"政治的也,国民的也,历史的也"(《评论》第三章)。这个断语不仅为叙事的文学(小说和戏剧)树立了最高标准,也同样适用于抒情的文学。我国传统文学里的抒情诗人,其所言之"志"往往流于"政治的,国民的,历史的"层面,即便后起的"诗缘情"观念强调"情"的独立性，主张"情之美"和"情之真"，仍然难以臻至"哲学的，宇宙的，文学的"最高境界，尚有待"言真诗学"的推助。

西方的"言真诗学"乃"悲剧美学"之根柢。如前所述，"诗言真"取道美对真的显现，而所有"美的艺术"门类里，诗这一"美的语言艺术"居于最高的位置，堪当典范。诗的三个大类当中，抒情诗以第一人称的独白为主线，即所谓"抒情之我"的体验与感受；戏剧诗以第二人称的对话为主线，用对话演故事、展现戏剧冲突；叙事诗以第三人称的叙述为主线，但同时又能容纳抒情诗的独白和戏剧诗的对话。后两类诗体，篇幅更长，容量更大、头绪更纷繁，对宇宙人生之真相的表现，也更具广度和深度。"言真诗学"正是以叙事诗为范型建立起来的，但也包容戏剧诗和抒情诗，还从戏剧诗里的悲剧发展出显现最高真理的"悲剧美学"。

古希腊最早的两位诗人，荷马和赫西奥德，乃"言真诗学"的原型诗人。他们不是吟咏个人体验和感受的抒情诗人，而是颂唱众神及英雄的谱系和功业的史诗诗人，他们叙述宇宙万物的本原、演化和秩序的确立，以及人在宇宙中的位置。他们是创制者（poiētēs，英语 poet 的本义），如同宇宙万物的造物主或者给宇宙万物带来神圣秩序的主宰者，又如这位造物主或主宰者在凡人中间的缩影，昭示宇宙万物和人生的真相，创造宇宙万物和人生的意义。因此，叙事史诗不像抒情诗那样来源于人心（所谓"情动于中而形于言"），它来源于神界，由掌管文艺的神性力量——缪斯女神透过灵感赐予诗人。诗乃神启的真理，诗人乃"真理执掌者"，如先知一般，被授予神人中介的"圣职"，这便是"诗人之天职"。归纳起来，"言真诗学"和"言志诗学"的根本差别体现于诗的本质（"诗言真" vs. "诗言志"），诗的本原（"神启说" vs. "情动说"）及诗人的特性和天职（"真理执掌者" vs. "缘情言志者"）。由于这些根本差别，"哲学的，宇宙的，文学的"诗歌和"政治的，国民的，历史的"诗歌也就判然两途了。

以叙事史诗为范型的"言真诗学"，亦适用

于戏剧诗尤其是悲剧,因为悲剧进一步发展了史诗,侧重英雄的功业和苦难,亦在昭示宇宙和人生的真相。与史诗和悲剧相比,抒情诗不过尺幅之作,其言说者也限定于"抒情之我"。不过,"抒情之我"同样可以"言真",抒情诗人同样能够胜任"诗人之天职"。因为"抒情之我"绝不能拘执于诗人的一己小我,必要扩大至"大我"。问题是,"大我"止于何处?是为一国一民之福祉,一时一地之利益,古往今来之教训代言的"大我",则此"大我"所言之志,亦不脱"政治的,国民的,历史的"范围。抒情诗倘要像叙事诗和戏剧诗那样,成为"哲学的,宇宙的,文学的",则诗人之"大我"当进一步扩大,扩大以至其极,为人类永恒之福祉,宇宙万物之正义,天下万世之真理代言。若此,则抒情诗人不止于"言志",而与叙事诗人和戏剧诗人一般"言真"——言说宇宙人生之真相。此种真相,或可托寓于一国一民之一时一地或古往今来作为表征,却不能归结于一国一民之福祉。

再者,"抒情之我"所"抒发"之"情",不仅要突破"志"的范围，而且也不能羁束于人的喜怒哀乐，还要越过人，向着宇宙万物、天地神魔的各种体验敞开。我国抒情诗传统所谓的"寓情于景"的"景物诗"或"托物言志"的"咏物诗"，大多把人的喜怒哀乐之情贯注于"景"和"物"；更有甚者，还把人的道德规范强加于"景"和"物"，而没有向"景"和"物"包孕的不同于人的存在体验敞开。抒情诗不能停留于人之情感的"抒发"，更要探索人之情感的本原即人之存在体验。为此，抒情诗人要把人的存在体验置入宇宙万物的整体当中，用后者来衡量前者，言说人之存在的真理。抒情诗人所言说者，不流于"情"的表面，要让"情"向"体验"转化，向人的本真的存在体验转化。

从"言志"转向"言真"的抒情诗人，始具真正的"诗人之眼"，王国维也称之为"天眼"。"开天眼"的诗人有着超越"人眼"的眼界和眼力，他们从宇宙万物至高处观"永远的正义"，再把眼光投向人间，勘破人生之真相。相较之下，"言志"的诗人往往具"政治家之眼"，他们栖止于一国一民中间，服膺国民的普通道德，把眼光从民间投向庙堂，再从庙堂投向民间；或又反之，他们抛开"政治家之眼"而具"神仙家之眼"，逍遥于自然，忘情于自然，不再把眼光投向人间，背弃人生之真相。

王国维用"言真诗学"来化合我国抒情诗传统的努力，关注的正是人间。他的诗歌创作《人间词》（作于1904—1907年）和诗学论述《人间词话》（作于1906—1908年）前后相续，相辅相成。两部作品标题里的"人间"，乃诗人"开天眼"透视的人间，如其著名的《浣溪沙》词云：

> 山寺微茫背夕曛，鸟飞不到半山昏，上方孤磬定行云。　试上高峰窥皓月，偶开天眼觑红尘，可怜身是眼中人。

诗人登临高峰，"开天眼"俯瞰人间，勘破人间（人生）之真相。诗人之"天眼"通古今中外，摆落世情伦理及普通道德，秉持"永远的正义"，直观人生之悲剧及其悲剧之美。如这阕

《浣溪沙》和《人间词》以及《静安诗稿》里的其他上乘之作所示，王国维的诗词蕴深邃之哲理于深挚之感情，这正是"言真"的抒情诗的鲜明特质。此种"言真"之诗，不像我国传统中的玄言诗、道学诗、禅诗之类，用诗的形式来言说哲学义理，但哲学义理和诗的精神并无必然联系，因为哲学义理本身已抵"第一义"，无需依凭诗的精神。与此相反，"言真"的抒情诗所言之"真"，与诗的精神密不可分，是唯有诗人才能直观并言说之"真"。诗人言说哲学家所不能言说的最高真理，通达"第一义"。王国维自诩《人间词》里的上乘之作，能"凿空而道，开词家未有之境"，正是因为把握住了"诗言真"的精神为诗"力争第一义"，如他所言，其奥妙在于"余自谓才不若古人，但于力争第一义处，古人亦不如我用意耳"（《人间词话》未刊稿；按：《人间词话》未刊稿的编号顺序以王幼安校订本"《人间词话》删稿"部分为据，但该本未载此则）。

需要说明的是，《人间词》和《人间词话》

聚焦于我国传统抒情诗的极致——词。从历史演变来看,词与诗有所不同,但词和诗同属抒情诗传统,甚至可以说将抒情诗传统推向了顶峰。尽管王国维指出"词之为体,要眇宜修。能言诗之所不能言,而不能尽言诗之所能言。诗之境阔,词之言长"(《人间词话》未刊稿第十二则),词人和诗人在《人间词话》里经常通用,词作和诗作往往并举,间或对勘,也表明词人和诗人的关系是交叉重叠的。他们同为抒情诗人,并驾齐驱,各擅胜场。因此,以词为中心,通过词的创作和词学理论来化合我国的抒情诗传统,正是王国维用心所在。

那么,如何为诗(词)"力争第一义"?王国维提出"境界说",宣告"词以境界为最上"(《人间词话》第一则;按:《人间词话》的编号顺序以1908—1909年之交刊于《国粹学报》的初刊本为据),来探究词(诗)的"第一义",并以之重估词史和词人、词体和词品。"境界"者,抒情诗人所入真理之域也,进一步的界说是"能写真景物真感情者,谓之有境界"(《人间词话》第六则）。何谓"真景物"？对宇宙本相之直观也。何谓"真感情"？对人生本相之体悟也。抒情诗人之"能写真景物真感情者"，必不依傍前人"凿空而道"，直指"宇宙人生之真相"，即所谓"言真"也。抒情诗人所入真理之域，又分"有我之境"和"无我之境"：

> 有我之境，以我观物，故物皆着我之色彩。无我之境，以物观物，故不知何者为我，何者为物。（《人间词话》第三则）

前者之"有我"，乃抒情诗人之"大我"，当他与宇宙万物相对待；后者之"无我"，亦抒情诗人之"大我"，当他化身宇宙万物隐然"无我"。因为与真正的"客观之诗人"（叙事诗人和戏剧诗人，参见《人间词话》第十七则所举"客观之诗人"的代表——《水浒传》与《红楼梦》之作者——均为小说家）相比，抒情诗人必为"主观之诗人"，然其"主观"绝非一己小我之"主观"，乃寄寓"大我"之"主观"。"大我"之

"主观",意味着与宇宙万物相对待,来体悟人类之存在和人生之真相;此"主观"之"大我"还可化身宇宙万物,与物合一,以体悟万物之存在和宇宙之真相,当其时也,抒情诗人的"主观"之"大我"也变得"客观",成为"无我"了。

言说"宇宙人生之真相"的抒情诗人,以美显真。美也分两种:

> 无我之境,人唯于静中得之。有我之境,于由动之静时得之。故一优美,一宏壮也。(《人间词话》第四则)

优美与宏壮(壮美),开"无我之境"和"有我之境"的两种境界(且不论此则提出的对应关系和动静之说是否合理),而宏壮又高于优美,因为前者更属于悲剧之美。故而,"言真"的抒情诗人追求宏壮之美,他不仅勘破悲剧人生的真相("偶开天眼觑红尘"),而且也与悲剧人生同甘苦("可怜身是眼中人"),甚至甘当悲剧人生之英雄,用诗歌为人类全体担负起悲剧命运。这样的抒情诗人，超越了我国"言志"传统的抒情诗人人生失意后的自怨自艾，或转向大自然寻求一己之慰藉和心灵的宁静。他正如王国维最为推崇的词人李煜，"俨有释迦、基督担荷人类罪恶之意"（《人间词话》第十八则），向所有人言说"宇宙人生之真相"。于李煜，这或许出自天才的无意识；于"言真"的诗人，则当自觉地奉为准则，把抒情诗推向"第一义"。

"生百政治家，不如生一大文学家！"

用"言真诗学"化合我国的抒情诗传统，还需进一步向中国文化扩展，重估诗的文化功用和诗人的文化地位。因为一种文化如何看待诗的功用和诗人的地位，与该文化的诗人如何看待诗的本质和诗人的天职，同样决定了此种文化的根本精神。我国传统的"言志诗学"偏重诗的人伦教化之功，奉"温柔敦厚"的"诗教"为诗的最高文化功用，也因此推崇诗人人格之高尚，往往以圣人的道德标准来品评诗人，定其高低。这背后主导的是德性精神，诗的文化功用和诗人的文化地位被置于德性精神的统辖之下。

从"言真诗学"观之，诗作为"美的艺术"门类之一（亦为最高门类），如同其他各类"美的艺术"，其本质是以美显真，其根本价值存于美本身及其所显之真，而不在其外。故诗的教化功用，一旦从"美的艺术"来推衍，当通向"美育"，而非"言志诗学"称颂的"诗教"。"诗教"者，其根基在个人道德品格的完善，是一个"兴于诗，立于礼，成于乐"（《论语·泰伯》）的自我修养过程，而所谓"兴于诗"，是要把非道德的情感转化为道德意向和情怀，亦即"涵养性情"。诗成为陶冶个人性情的工具，而诗的教化作用最终归结为社会性的政治功用，有如《毛诗序》所言："故正得失，动天地，感鬼神，莫近于诗。先王以是经夫妇，成孝敬，厚人伦，美教化，移风俗。"故究"诗教"之实质，"德育"也，非"美育"也。

真正的"美育"，既独立于"德育"，亦非"德育"之手段。王国维崇尚德国大诗人席勒倡导的"审美教育"(简称"美育"),也深受叔本华的"美术教育"(即"艺术教育")理论的影响。席勒《审美教育书简》"说美之无上价值","美育"养成"美丽之心",由"美丽之心"造就的"完全之人",乃一切教育的最高理想,故"美育"凌驾"德育"之上,或者说"美育"才能完成最高之"德育"(《孔子的美育主义》,1904年2月刊于《教育世界》第69号)。叔本华《作为意志和表象的世界》第三篇专论美学,由美的直观、美的创造和天才、美感论及各门美的艺术,洋洋洒洒数万言,但整个论述都基于美的直观,而培养美的直观正是各门美的艺术所能施行的教化之功。"艺术教育"借助美的直观给予人的知识,要高于从书本和理论得来的概念知识。此种"直观之知识",不仅是"智识教育"也是"道德教育"之根本,因此"艺术教育"相对科学教育、历史教育和道德教育都具优先性(详见《叔本华之哲学及其教育学说》,1904年5—6月刊于《教育世界》第75、77号,收入《静安文集》)。

两位德意志哲人推崇备至的"审美教育"和"艺术教育",精神根源实为古希腊的"文艺教育"以及柏拉图揭橥的"美育"。古希腊的"文艺教育",即 mousikē,直译为"缪斯之艺",指的是九位缪斯女神(Mousai)掌管的各种艺术门类,以诗歌、音乐和舞蹈为首,此三者常常融汇成一种综合艺术,表现为诗、舞、乐和合的文艺活动。希腊古风和古典时期的诗歌在不同程度上包含了音乐甚至舞蹈,其中诗又占据了统领的地位,诗的话语引导乐的声音与曲调以及舞的动作与节奏,贯彻了 mousikē 所施行的"文艺教育",故而古希腊的诗人(尤其是荷马与赫西奥德)被视为最崇高的"教育家"。柏拉图《理想国》里的哲学教育,尽管对传统的"文艺教育"加以净化,却以之为不可或缺的基础,甚至把它上升到"美育"的高度。《理想国》第二卷(376d)到第三卷(403b)讨论"文艺教育"(mousikē),在这一大段讨论的结尾,苏格拉底明确指出"文艺教育"的最终目标是"对美之爱"(403c)。"文艺教育"能够调节爱欲,使之成为"对美和秩序有节制而又合乎缪斯之艺的爱"（403a），可以说，"文艺教育"的目的被柏拉图归结为协调爱欲之所向的"美育"。

诗的文化功用一旦纳入"文艺教育"及"美育"的视野，便有可能突破德性精神的统辖，以诗之"美育"取代"诗教"。论者多谓，王国维首创"以美育代宗教"之说（早于蔡元培十年），无不称引"美术者，上流社会之宗教也"的命题（《去毒篇》，1906年7月刊于《教育世界》第129号，收入《静安文集续编》）。其实，"以美育代宗教"之说仍失之汗漫，缺乏针对性，"美育"所可替代者，就传统文化之格局而言，并非缺席的宗教，毋宁是常见的"诗教""礼教"和"乐教"。王国维自己也在《孔子的美育主义》一文里，将孔子"兴于诗，立于礼，成于乐"的主张视作这位圣人倡导"美育主义"的证据。且不论这一证据能否成立，其中倒是蕴含着用"美育"来化合"诗教"（及"礼教"和"乐教"）的意味。"美育"经由"文艺教育"具体施行，主要分成诗、画、乐三个大类，其中又以诗最直接有效,故而"诗"(广义的文学)之"美育",所可取代者乃依附"德育"的传统"诗教"。

诗的文化功用若要从"诗教"里解放出来,诗人的文化地位亦需得到重估。对此,王国维曾经慨叹:

> 生百政治家,不如生一大文学家!(《文学与教育》,《教育杂感之四》,1904年4月刊于《教育世界》第73号,收入《静安文集》)

政治家,无论现实的还是理想的,都以现世利益为鹄的。现实的政治家,"与国民以物质上之利益",其文化地位无论矣;理想的政治家,当首先为哲学家,却又身为哲学家而欲为政治家,所谓欲行"内圣外王"之道的圣人也。然而,放眼世界上极文化之盛的古代和现代国家,王国维发现:

> 故希腊之有鄂谟尔(今译荷马)也,意

大利之有唐旦（今译但丁）也，英吉利之有狭斯丕尔（今译莎士比亚）也，德意志之有格代（今译歌德）也，皆其国人人之所尸而祝之，社而稷之者，而政治家无与焉。（同上）

凡彼诸国，非但未尝以政治家，亦未尝以该国之"圣人"代表其文化精神，因"圣人"终究拘限于某种宗教及其道德观念，无法统揽人类全体之感情，勘破宇宙人生之真相。只有"真正之大诗人"，既能将人类全体之感情、喜怒哀乐酣畅淋漓地表出，又能越过人类，向着宇宙万物、天地神魔的各种体验敞开，体悟人的存在之真，开显人生之大美。

反观我国历史上的大诗人、大文学家，王国维发出如下振聋发聩之问：

试问我国之大文学家，有足以代表全国民之精神如希腊之鄂谟尔，英之狭斯丕尔，德之格代者乎？吾人所不能答也。其所以不能答者,殆无其人欤?抑有之而吾人不能举其人以实之欤?二者必居一焉。由前之说,则我国之文学不如泰西;由后之说,则我国之重文学不如泰西。前说我所不知,至后说,则事实较然,无可讳也。(同上)

"我国之重文学不如泰西",存在一个鲜明的表征,即国人习惯以圣人、理想的政治家的标准来评衡诗人之伟大。譬如"言志诗学"提倡的"知人论世说"(《孟子·万章下》:"颂其诗,读其书,不知其人,可乎?是以论其世也")。所谓"知人",知其为人,识其人格也,却必以道德规范为准绳。就连王国维自己,因早年深受儒家诗教的熏染,对此亦未能有足够的反思,不时落其窠臼。《人间词话》里以人品定词品的道德判断所在多有(如第四十五、四十八则,未刊稿第四十二、四十三、四十七、四十八则)。他对于历史上伟大诗人的品评,也突出"高尚伟大之人格":

三代以下之诗人，无过于屈子、渊明、子美、子瞻者。此四子者苟无文学之天才，其人格亦自足千古。故无高尚伟大之人格，而有高尚伟大之文学者，殆未之有也。(《文学小言》第六则，1906年12月刊于《教育世界》第139号，收入《静安文集续编》)

这不啻以"道德家之眼光"看待诗人。伟大的诗作必出自诗人之伟大人格，然此人格非因道德高尚而伟大，却因献身诗的艺术而伟大。就诗的艺术看，诗人如何牺牲一己小我、一时一地之利益、一国一民之福祉，无畏地献身于诗所开显的天下万世之真理与永远之正义，乃评判其人格之伟大与否的唯一标准。此种伟大之人格，必不同于常人，往往对立于常人，绝非常人眼中的理想人格。若以圣人君子准绳诗人，无异于用道德标准挟持诗人之人格，必令其踵武圣人，尾随其后优入圣域；若此，则诗的真理殆矣，又沦为人伦教化之手段矣。当一种文化不再用道德标准，而用更高的、诗的艺术的标准来评衡诗人，那不再流于"政治的,国民的,历史的"层面而臻至"哲学的,宇宙的,文学的"最高境界的诗人,便被赋予文化中的神圣位置,足以取代圣人"代表全国民之精神"。

反过来,这也要求诗人身为"文学家",不再追随身为哲学家却欲为"政治家"的圣人,而要像哲学家那样直抵宇宙人生之本相,甚至比哲学家更胜一筹,以此为人生"力争第一义"。青年王国维盘桓于诗和哲学"二者之间",欲成为极少数"诗哲"里的一员,正是为自己的人生"力争第一义"而做出的别择。同时,他也深切感受到,由于西方思想的东渐,自己生活于中国文化的第二"受动时代",若欲从受动趋向能动,必须把握西方思想的精神之源,即古希腊以降的西方哲学和文学的根本精神,以及两者融贯而成的诗性精神,让此种诗性精神变作一股能动的力量,化合"吾国固有之思想",突破德性精神主宰的传统文化格局,用诗和哲学的融合为中国文化做出"力争第一义"的别择。

第四篇

"识者自知之"

周作人与古希腊神话的相遇

四十而惑

1925年新年伊始,周作人(1885—1967)写下一篇不起眼的小文,题为《元旦试笔》,刊登于1月12日出版的《语丝》第九期(后收入《雨天的书》)。文中抒发了这样的"新年感想":

> 古人云,"四十而不惑",这是古人学道有得的地方,我们不能如此。就我个人说来,乃是三十而立(这是说立起什么主张来),四十而惑,五十而志于学吧。

当时周作人年届四十,已是新文学运动的重镇,青年学子的精神导师,以翻译家、文艺理论兼批评家、新诗诗人和随笔作家的多重身份活跃于文坛。然而,正当"四十而不惑"的事业盛年,周作人却对自己萌生了根本的疑惑:

> 以前我还以为我有着"自己的园地",去年便觉得有点可疑,现在则明明白白的知道并没有这一片园地了。

这里所谓"自己的园地",是指 1922 年 1 月至 10 月,周作人以此为题在北京《晨报副镌》上开设的专栏,其中陆续刊发了多篇文艺批评文章,包括《自己的园地》《文艺上的宽容》《贵族的与平民的》《诗的效用》《文艺的统一》《沉沦》等。这些文章标志着作者与当时占据主导地位的"新文学"理念发生了断裂,而最为直接的是对他本人在"五四"时期揭橥的文学主张(也就是《元旦试笔》里言及的"三十而立"),例如《人的文学》(1918 年 12 月)、《平民的文学》(1919 年 1 月)和《新文学的要求》(1920 年 1 月)(以上文章后来都收入《艺术与生活》),做出了重要修正。他改弦易辙,从倡导为民族国家服务的"国民的文学"转向崇尚"有独立的艺术美"的"个性的文学",并以此为"自己的园地"。但令人诧异的是,时隔两三年,周作人却发现"自己的园地"亦不复存在，干脆向读者宣告"目下还是老实自认是一个素人，把'文学家'的招牌收藏起来"。这便是所谓"文学小店"的关门。

"关门"之后该当如何？作者半带调侃地声明，今后的任务是重新"志于学"。周作人翻转了儒家的人生理想，言下之意是，"自己的园地"之所以难以为继，原因在于"文学革命"要向深层推进，必然取决于"思想革命"的深入，而"思想革命"的深入则有赖于"学"。其实，早在"五四"时期，周作人便意识到思想革命的重要性。《人的文学》发表后三个月，他又刊布了《思想革命》（1919年3月）一文，提醒文学革命的支持者："文学革命上，文字改革是第一步，思想改革是第二步，却比第一步更为重要。我们不可对于文字一方面过于乐观了，闲却了这一方面的重大问题。"对于周作人自己而言，"思想革命"与"文学革命"一道，构成了他毕生的"胜业"。如果说在"自己的园地"时期，他还暂时相信，文学的革命可以或多或少脱离思想的革命在纯文艺的领域内进行，那么1925年的《元旦试笔》标志着这一信念的破灭,"思想革命"必须走到前台。换言之,"文学革命"只有扎根在"思想革命"的层面才能真正立足并展开,而为了创造"人的文学",首先需要从思想上着力于"人的发现"。由此可见,"文学小店"的关门实际上意味着,周作人将工作的重心转向了"思想革命"的深入,这就是他所说的"志于学"。

"杂学"脉络

悠悠廿载之后,年近花甲的周作人步入思想上的"总结时期"。他撰写了一系列的文章勾勒毕生"志于学"的总体面貌,其中最具规模者当属 1944 年 4 月至 7 月完成的长文《我的杂学》(后收入《苦口甘口》,同年 11 月出版)。此文在作者后来论定自己一生的《知堂回想录》(作于六十年代初)里又原封不动地照搬,为全书殿后,虽题曰"补遗",仍可见这篇文字在他心目中的分量。

《我的杂学》共二十节,环环相扣地回顾作

者"杂览"得来的各方面的兴趣,赋予这些看似驳杂的兴趣自成一体的"杂学"系统。首先要辨明的是,周作人一生倡导的"杂学",一者相对于专家学者的"专门之学",再者相对于儒家正统的"道学"而言,绝非杂乱无章之学。同一时期的另一篇重要文章《杂文的路》(1945年1月,收入《立春以前》)明确指出"杂学"的思想价值:

> 我说思想宜杂,杂则不至于执一,有大同小异的,有相反相成的,只须有力量贯通,便是整个的了……我自己是喜杂学的,所以这样的想,思想杂可以对治执一的病,杂里边却自有其统一,与思想的乱全是两回事。

正是此种"杂里边自有其统一"的"杂学",而非"专门之学"或"道学",才具备真正的力量撼动正宗却萎靡的思想。由此观之,周作人躬身实践的"杂文"正是"杂学"思想最合适的载体，因"杂文"者，非正统之文（无论古文、时文、学术论文）也，实乃符合思想之杂的一种独立不羁的文体，旨在文体与思想的完美结合。就此而言，可与周氏"杂文"文体和"杂学"思想之高度统一相比拟者，当推德国大哲尼采，他盛年时期的格言体断片和"视角主义"思想也达到了浑然一体的境界。

周作人将他的"杂学"统领于"知""情""意"三个部门。大抵上说，与中国相关的兴趣属于"意"的部门，与日本相关的兴趣属于"情"的部门，与西方相关的兴趣则属于"知"的部门。这个庞大的系统不仅囊括了周作人的知识谱系（"知"），而且还包含了他的根本价值取向（"意"）和情趣境界（"情"），用涵盖"汉、洋、和"（中国、西方、日本）的宏大视野，描画出一幅完整而贯通的思想图景。

《我的杂学》从中土起笔，以"意"的部门为出发点和基点。根本而言，此"意"乃从"旁门"悟入的"儒家精神"之真谛，因这并非汉以后尤其是宋以来的儒教正统思想，而是"中国人所有的以生之意志为根本的那种人生观"(第二十节),仁、智、勇为其最突出的精神品质。依照周作人的标准,上下古今能承当这种"儒家精神"的典范共有三位,东汉王充、晚明李贽与清人俞正燮是也(第四节)。可见,他所谓的"儒家精神"与君师纲纪的正统思想毫不相干,其实走向了逆传统的一路。周作人之"意"乃是对中国传统的别择,凡正统、正宗、定于一尊的思想皆不取;而为避免褊狭之虞,需衡以他种古典文化之精髓(周氏尤重希腊与日本,见下文),择取"健全的物理"("知")与"深厚的人情"("情")去"强化"和"深化"此"意"。因此,隐伏于三个部门之下的基本走向是从"意"(第二至四节)出发,经由"知"(第五至十三节)与"情"(第十四至十七节)而达乎"思想革命"(第二十节)。这个次序虽大抵依循了周作人所受教育的时间顺序,却不失为作者的精心安排。概而言之,这场"思想革命"发轫于"意"的转向(从儒教正统转向逆传统),依赖"知"的启蒙(归结为"人的发现")与"情"的陶冶(归结为

"人的文学")而实现"个体之解放",使个体成为具独立判断精神的自由自主之我。

"知识"谱系

以别择之"意"为精神基调,周作人坚持说:"外加上去的东西自然就只在附属的地位,使它更强化与高深化,却未必能变化其方向。"(第二十节)所谓"外加上去的东西",便是文中津津乐道的"知"的部门与"情"的部门。"知"的部门尤为突出,占据整篇文章的最大篇幅,从第五到十三节,依次涉及外国语言和文学、希腊神话、神话学、文化人类学、生物学、儿童学、性心理学、医学和巫术史。这份清单巨细无遗地罗列了周作人"知识"谱系里最主要的西方资源,即被他视为现代意义上的"理性与科学知识"。这些"知识"以人自身为研究中心,服务于"人的发现"。周作人深信,妇女的发现、儿童的发现、人的发现在中国尚未发生,而在西方这一系列的发现早已借助他列出的"知识"深入人心：性的知识与儿童学分别促成了妇女与儿童的发现；人本身的发现更为复杂，分成生理、心理与文化三个层面，生物学和医学（及性的知识）有助于前两个层面的发现，而文化对人的决定性影响的发现有赖于文化人类学。

这些"知识"在中国的传播，会促成国人从不假思索地顺从自己的生理、心理和文化状况中解放出来。为达此目的，中国文化必须从一定的距离以外得到估量，这样方能与别的文化对照之后，以一套更普遍的标准来衡量它在世界文化里的真正地位。要获得这样一种距离，不仅需要批判地反思传统，还需要形成对其他文化的真正兴趣。遗憾的是，此种兴趣在正统儒家的思维方式里无法生成，但西方的文化人类学却对不同文化持有开放视野。周作人吸收西方"知识"的用意即在于此：倡导文化人类学的态度，将中国文化纳入世界文化的大格局当中，并通过文化比较来重新审视中国传统文化，从中寻找新文化的胚种。

耐人寻味的是，周作人的西方"知识"谱

系里，古希腊神话和现代神话学位列文化人类学之前，与"外国语言和文学"一道，构成了文化层面的"人的发现"的重要组成部分。之所以如此，是因为他从欧洲文学史溯源到古希腊神话并由此知晓现代神话学，而正是后者为他打开了文化人类学的广阔视野。古希腊神话遂成为他的西方"知识"谱系里最为特别的一个门类，也最具"强化与深化"他的别择之"意"的力量。

纵观周作人长达六十余年的写作生涯，对古希腊文学的译介以及对古希腊文化的评论是一个持续的主题，而其中最为醒目的莫过于对古希腊神话的倾力关注，这在现代中国文化史上迄今无人能出其右。从 1907 年开始，负笈东瀛的周作人便将哈葛特（Rider Haggard）与安特路阑（Andrew Lang，今译安德鲁·兰）合作的小说《红星佚史》(英文原名为 *The World's Desire*，该书依据奥德修斯最后的出游传说演绎而成）译成了典雅的文言；到了三四十年代，他致力于古人阿波罗多洛斯所著《希腊神话》和今人劳斯（W. H. D. Rouse）所著《希腊的神与英雄》的迻译；及至晚年，他又煞费苦心地从事欧里庇得斯与路吉阿诺斯的翻译与注释。希腊神话以及与神话密切相关的希腊文学在周作人的"杂学"里占据了显著的位置，这也反映在《我的杂学》一文将希腊神话与神话学置于"知"的部门之首的布局当中。

既然周作人认为，"外加上去的东西……只在附属的地位"，那么以"古希腊神话"为例，西方之"知"，也就是与神话相关的神话学与文化人类学，究竟如何打开周作人对中国文化更为广阔的视野，"强化与深化"他的别择之"意"？古希腊神话作为外来资源又如何与别择之"意"里的本土资源构成外援内应之势？古希腊神话所体现的精神能否与别择之"意"里的本土资源交汇融通最终植根中土？要思索这些问题，我们还须从头审视周作人与古希腊神话的相遇。

初遇神话

说来有趣，周作人最初是在明治末期的日本发现了古希腊神话。1906 年夏秋之交，年甫二十二岁的周作人追随长兄鲁迅来到东京。他原本由官费资助来此学习土木工程，但很快放弃了这个计划，转而以巨大的热情投入外国语的学习，尤其是日语与古希腊语（此外还短暂学习过俄语和梵文），并醉心于博览世界各国的文学。希腊和日本——这表面上的巧合在周作人那里逐步演变成一种必然：随着对这一古一今、一西一东的两种文化的深入了解，他发现两者之间有着非比寻常的相似性。近六十年后，周作人在《知堂回想录》（第六十六节）里忆及，日本文化给他带来的最初印象并赢得他终生的好感的"是它在生活上的爱好天然，与崇尚简素"。这种特质体现在日本的衣食住的方方面面。奇妙的是，通过阅读，他在并未身临其境的古希腊文化里也发现了这一特质。周作人毕生服膺的英国性学家蔼理斯（Havelock Ellis）称日本为"别一时代与风土的希腊人"，这一表述深得他的推许，被他多次援引，称其最简洁地表达了两种文化之间的内在相通。可见，希腊和日本对周作人的吸引相辅相成，以至于后来他将这两种文化视为自己掌握的最重要的外国文化资源,帮助他从人类文化的更大格局来审视本国文化的特性及其所处的位置。

此处按下日本不表,单说希腊。抵达东京本乡汤岛的下宿屋不久,周作人便从鲁迅购买的一包西文书籍里发现了该莱(C. M. Gayley)所著的《英文学里的古典神话》(Classic Myths in English Literature)一书,引起他极大的兴味。这是1893年的版本,附带一个冗长的副标题:"以布尔芬齐《神话时代》(一八五五年版)为蓝本,并附有解释性及示例性的注释"。该书不仅一一描述英国诗歌里常见的神话典故,而且还用了三章的篇幅对神话进行分类,解释神话的保存和流播,介绍形形色色的现代神话学理论。这为周作人开启了一个崭新的知识领域。令他讶异不已的是,透过这些理论他意识到,相当长时间以来,有一批治学谨严的西方学者把古希腊神话当作知识的一个部门进行学术研究,并提出各种学说来解释其来源、意义与功用。其中最受周作人青睐的是安特路阑的人类学神话理论。于是他立即购买了此人所著的《习俗与神话》以及两大卷的《神话仪式与宗教》。循着阑这一派的人类学神话研究路径，周作人随后又熟识了弗莱泽（James Frazer），以及剑桥仪式学派的主力哈里孙（Jane Harrison）女士的著作，把古希腊神话与文化人类学对神话的解释贯通了起来。

阑与弗莱泽认为，神话代表了人类认知的初始阶段，时至今日不仅在儿童以及未开化的人群中影响至巨，即便在文明人那里仍留有不可忽视的遗存。这种观点最初吸引周作人的原因，是其背后的直线发展历史观。受到"五四"时代学界风气的影响，他很快接受了阑与弗莱泽有关人类智识发展（以及神话和神话的思维方式在其中所占据的位置）的进化论观点。他们将生物学里的"进化论"模式运用到人类智识发展的历程当中，归纳出巫术、宗教和科学三个阶段。文化人类学致力于研究第一个阶段，认为这个阶段主要借助仪式及与之相伴的神话，试图依靠仪式里的巫术来控制自然的运作。不过，这一阶段的思维方式并没有随着宗教和科学的到来被彻底根除，而是部分地残留于后两个阶段的思维方式当中。故此，神话非但不是毫无价值的无稽之谈，反而构成了一套极为重要的知识，不啻开启其所属文化的一把密钥。

《希腊神话》与《礼部文件》

阑与弗雷泽对神话的文化人类学研究意在揭示，神话和仪式乃出于古人最深刻的需要，尤其体现于对性的禁忌和对死亡的恐惧这些世界各地普遍存在的文化心理现象。这种最深刻的需要在现代人那里不是被革除了，而是潜藏于更深的无意识层面。文化人类学的这一洞见，在周作人看来，特别有助于我们批判性地反观中国传统礼教底下的无意识层面。他用如椽大笔写下《萨满教的礼教思想》（1925年9月，后收入《谈虎集》）等一系列檄文，极力将国人从"儒道合成的不自然的思想"里解放出来。

置入文化人类学的概念框架，这"不自然的思想"便是盛行于"东北亚的萨满教"。那些高喊"礼教"乃国教的人士，实际上并没有走出"交感巫术"的思维方式。性的力量能够影响自然力或者威胁社会秩序的原始信仰，仍旧在他们的脑海里根深蒂固。遗留的性崇拜与性禁忌的蛮性思维导致礼教对之实行严厉的社会约束与制裁。周作人的文章援引当时发生的两件事情为证，其一是某位犯奸的学生被四川督办以维持风化的名义枪毙，其二是湖南省长因久旱求雨而半月不与太太同房。这种凭借物理之间的感应直接去操纵自然力或社会秩序的思想，更多的是巫术而非宗教的思维方式。

周作人寄希望于当时年轻的社会学者与宗教学者，更加缜密地从学理上去研究礼教的各种信仰与习俗的起源和实质。当他的弟子江绍原撰写的《发须爪》付梓之际，他欣然提笔为之作序曰：

> 这两年来，绍原和我玩弄一点笔墨游戏，起手发表《礼部文件》，当初只是说"闲话"，后来却弄假成真，绍原的《礼部文

件》逐渐成为礼教之研究,与我所期望于社会学家的东西简直是殊途而同归,这实在是很可喜的。我现在所要计划的是,在绍原发刊他的第几卷的论文集时我应当动手翻译我的希腊神话。(《〈发须爪〉序》,作于1926年,后收入《谈龙集》)

这篇序言里的周作人,谦逊地将自己的角色设定为古希腊神话的绍介者,但关键在于,他的绍介工作与传统礼教的批判工作彼此促进,互为奥援。如果说礼教批判者的任务在于揭露礼教实质上属于萨满教的野蛮思想,那么希腊神话的绍介者则致力于描画一个可资比较的参照物:古希腊神话对更早的原始信仰进行了艺术化的改造,让神人关系和人的神性体验成为主体,而儒家对于中国文化的萨满教基底只做了不成功的压制:儒家的礼教传统一方面排斥神话的思维方式,另一方面又不涤除巫术的思维方式,而是任其保留在无意识的层面。

有鉴于此,周作人不满足于和同道中人一

起批判传统礼教，还要凭借一己之力担当起希腊神话的绍介者的任务（与他同时代的郑振铎亦对希腊神话情有独钟，译述了几种颇具文学意味的故事集，但其眼光和成就与周氏不可同日而语）。比起他为希腊神话撰写的相当数量的重述、评论及辩护文章，他自己更为看重的是对希腊神话集的迻译，这包括从希腊原文译出的阿波罗多洛斯的神话手册即《希腊神话》（又名《书库》《书藏》），以及英国学者劳斯所著《希腊的神与英雄》（Gods, Heroes and Men of Ancient Greece，出版于1934年，原名《古希腊的神和英雄和人》，这是一部供儿童阅读的希腊神话故事集），尤其是前者被他看作自己一生最重要的工作之一（见《我的杂学》第六节）。究其原因，不仅是由于周作人曾在1937至1938年和1950至1951年两度翻译此书，更是由于译者花费大量的心血为正文撰写了详细的评注（据周氏自述，三十年代第一次翻译时，为撰写注释之用，还另译了哈里孙的《希腊神话论》与弗莱泽的《希腊神话比较研究》，各有五万余字，可惜两份译稿均已佚失）。

这些评注的篇幅远远超出正文的篇幅，对于一部具有通俗读物性质的神话集而言实属非同寻常，周作人的做法在同时代的西方典籍汉译者当中亦罕有其匹。事实上，周作人效法的乃是他素来佩服的弗莱泽，后者于1921年出版两卷本"娄卜古典丛书"希英对照本阿波罗多洛斯，为英译文撰写了大量注释，这些注释对世界各地的民俗志材料广征博引，具有极高的学术价值。仿效弗莱泽的这一举动，表明周作人并非简单地视自己为神话故事的翻译者，而是通过对希腊神话细微之处的注解，来引介文化人类学的研究方法与洞见。

在希腊神话的文化人类学研究上花费的大量功夫，让周作人反观中国传统文化时别具只眼。与"五四"时期激进的"反礼教"知识分子不同，他很快超越了他们的"偶像破坏"的虚无主义精神，拒绝接受对传统文化的全盘否定。他坚持认为，中国文化的深处有着健全的活泼泼的思想潜流，虽受到正统儒家思想的禁锢却仍具生命力。即便儒家思想本身，也是由于宋以来的道学家的禁欲主义而失去了最初的活力。故而，希腊神话的绍介者实可助礼教的批判者一臂之力：当后者揭开了礼教的野蛮和朽败的一面，前者要为寻找传统思想里的生机勃勃的潜流提供一种参照。

从"五四"时期起，年轻的周作人便大声疾呼，要收集包括民歌、民间故事、寓言、儿歌和儿童故事在内的民间文学，并且也最早开始身体力行。二十年代任教北大之际，他与刘半农一起，成为民俗运动的领导者。他们坚信，这些流传于民间的文学体裁与神话一样，代表了中国文化当中活泼泼的健全分子，虽遭正统儒家思想的轻视与压制，其精神尚未全然泯灭。然而，与这些类型的传统故事相比，神话占据了最高的文化地位：神话是一种文化精神最为浓缩的体现，表达了一种文化的基调与根本的生命体验及价值取向，神话及蕴含其中的神性体验是否成为主体，还揭示了一种宗教的实质。可惜的是，中国神话的遗存过于残缺，可以用来构成一套中国神话的材料实在凌乱不堪，现代的收集者面对这样的材料，要想从中找寻一套有系统的思想，返回中国文化之本原，不免令人感到绝望。与此形成鲜明对比的乃是见诸阿波罗多洛斯手册的希腊神话。这部手册虽然编纂于公元后一世纪，距离希腊神话的鼎盛期已然久远，但仍不失为一位后世希腊学者的成功之举，将散见于各处的神话材料按照谱系原则汇集起来，展现出古希腊神话的整体面貌。对于中国神话的现代收集者而言，阿波罗多洛斯的手册具有很切实的参考价值，并且弗莱泽所征引的世界各地的民俗志材料还能为他打开广阔的文化人类学视野。待到古代中国的神话被系统地收集起来，从文化人类学的视角还以本来的面貌，便可与其他民间文学种类里的活泼泼的元素相互映照，来重塑中国文化未受礼教约束的健全精神。

美的神话

不过，周作人两度译注阿波罗多洛斯，沉潜其中，还别有深意。作于 1944 年的《〈希腊神话〉引言》一文（后收入《立春以前》），除了简略提及该书"叙述平易而颇详明"以及"希腊人自编"这两个好处，又特别强调：

> 关于希腊神话，以前曾写过几篇小文，说及那里边的最大特点是其美化。希腊民族的宗教本质与埃及印度本无大异，但是他们不是受祭司而是受诗人支配的，结果便由诗人悲剧作者画师雕刻家的力量，把宗教中的恐怖分子逐渐洗除，把他转变为美的影像，再回向民间，遂成为世间唯一的美的神话。

希腊"美的神话"与文学和艺术的关联，充分体现于阿波罗多洛斯的手册，因为这部手册里的神话皆采自文学作品，对这些作品的故事情节加以概括和撮述，以供当时从事创作的文人学者使用。所以，从其来源和用途两方面来看，这部手册都表明，古希腊神话与文学息息相关。

这是尽人皆知的常识，但要从学术上对两者之间的关系做出解释，则有赖十九、二十世纪之交人类学神话学派的勃兴,其中尤以剑桥仪式主义者哈里孙女士的贡献为最。据《希腊神话一》(1934)记载,周作人"最初读到哈里孙的书是在民国二年,英国的'家庭大学丛书'中出的一本《古代艺术与仪式》,觉得她借了希腊戏曲说明艺术从仪式转变过来的情形非常有意思"。于是,三十年代第一次翻译阿波罗多洛斯之际,便顺手把她的一小册《希腊神话论》("我们对于希腊罗马的负债"丛书第二十六种)也翻译过来,并将部分章节(包括《引言》《论山母》和《戈尔贡》)单独发表。除上述通俗读物,周作人对于哈里孙的三部主要学术著作,即《希腊宗教研究绪论》《忒弥丝》和《希腊宗教研究后论》亦有所涉猎。

与弗莱泽和阑相较,哈里孙更注重古希腊神话独具的特色。她一再强调,自荷马与赫西奥德以降,古希腊的诗人(后来还有艺术家)就极力将神话里的众神个性化与艺术化,他们取代了祭司成为神界的代言人,向凡人传达神圣领域的讯息。换言之,古希腊对于原始宗教信仰的净化比世界各地的其他宗教更为彻底,这主要归功于诗人与艺术家,是他们借助"美的神话"完成了这项举世无双的工作,而这也是希腊精神最了不起的荣光。

确实,古希腊神话与文学艺术有着密不可分的联系,精彩纷呈的神话故事也主要依托文学和艺术两种形式存世。尤其耐人寻味的是,古希腊的文学艺术很早就赋予神话某种自主的地位,而神话也反过来造就文学艺术的自足性与内在价值。希腊的诗人乃神话创制者,而非神职人员或宗教宣扬者。当代西方古典学者也重视这一特质,例如专治古希腊宗教的德国古典学家布尔克特(Walter Burkert, 1931–2015)便一语中的:"(在古希腊)诗的语言并不传达事实性的讯息,而是创造一个属于它自己的世界,一个众神生活于其中的世界"(《古风与古典时期的希腊宗教》,1985年英文版,第125页)。虽然后来的哲学家如塞诺芬尼和柏拉图起而攻击诗歌,试图对诗歌施加道德与政治的控制,古希腊的史诗、抒情诗和悲剧基本上依照内在的原则发展,与众神和英雄的神话世界形影不离。同样,古希腊的艺术家也大量取材神话故事,创造出众多美的形象,组成一个富于象征意义的图像系统。神话世界没有被诗人和艺术家用来宣扬一套事先形成的教义,而是不断地去探索未知的精神领域,展示神性之美和生命之力。这也是为什么,与世界各地的神话相比,只有古希腊的神话把美丑的标准放到最大,善恶的标准缩到最小。

对此,哈理孙《希腊神话论》有一段精辟的概括,周作人在《我的杂学》(第六节)里特地引用:

> 希腊民族不是受祭司支配而是受诗人支配的,结果便由他们把那些(指众神的形状与事迹)都修造成为美的影像了。这是希腊的美术家与诗人的职务,来洗除宗教中的恐怖分子,这是我们对于希腊的神话作者的最大的负债。

这段话与上文所引《〈希腊神话〉引言》里

的文字颇有相似之处（周氏这两篇文章都作于1944年），可见正是其持论所本。哈里孙所谓"这是我们对于希腊的神话作者的最大的负债"，指向的当然是现代西方（尽管西方人对此早已习焉不察，甚至矢口否认），但周作人却旋即把话锋转向了中国，如是评论道：

> 我们中国人虽然以前对于希腊不曾负有这项债务，现在却该奋发去分一点过来，因为这种希腊精神即使不能起死回生，也有返老还童的力量，在欧洲文化史上显然可见，对于现今的中国，因了多年的专制与科举的重压，人心里充满这丑恶与恐怖而日就萎靡，这种一阵清风似的被除力是不可少，也是大有益的。

可是，要让现今的中国分得"美的神话"所体现的希腊精神，单单停留在古希腊（无论是翻译介绍还是学术研究）并不能成功，还要回到中国文学（还有艺术）自身，重新审视它的本原。

文学的神话根源

纵览早期中国的诗歌作品，周作人察觉，除了属于南方楚辞传统的《九歌》以外，神话并未得到任何堪与比拟的艺术再创造。早期的中国诗人对神话置之不理，"所以流传在现代民间，也不能发出一朵艺术的小花"（《"在希腊诸岛"附记》，1921）。他比较了中国文学史与外国尤其是古希腊文学史之间的异同，指出中国古代文学发端于散文而非如古希腊那样发端于诗歌，且中国古代诗歌的源头乃抒情诗而非如荷马史诗那样的叙事诗。这两方面都与古希腊的情况迥异，究其原因，一者由于古代中国的神话很早就被历史化而失去其本真的面目，再者由于神话元素的缺失，叙事文学在古代中国发展为史书而非史诗（《文学史的教训》，1945）。

古代中国文学的非神话根源成为周作人重估中国文学史的出发点。1932年春，他应辅仁大学之邀，举办了题为《中国新文学的源流》的系列讲演，乃是他最为系统地重写中国文学史的努力。周作人将传统中国文学的历史概括为两种潮流的起伏,即"诗言志"与"文以载道"之间的来回往复。尽管持反对意见的学者(如朱自清出版于1947年的《诗言志辨》就委婉地批评了这种观点)认为,这两种信条其实反映了儒家文学思想相辅相成的两面,两者并不冲突反而构成统一的整体,周作人却坚持将"言志派"与"载道派"视为对立的两面,强调两者之间此消彼长的持久张力造就了中国文学史(《中国新文学的源流》,第二讲)。事实上,他的这种解释策略是对当时占主导地位的"五四"话语的批判,也是重新思考自己早年提出的"人的文学"这一主张。

周作人在"五四"时期发表的重要论文,例如《人的文学》(1918)和《新文学的要求》(1920),参与了"五四"话语的形成,构造了一个从文言向白话的直线发展模式。时隔十年,他严厉地批判这一"进化论"模式,并提出上述的二元模式取而代之。正统儒家思想所信奉的"文以载道"之说阻碍中国文学的创造性进程,使之停滞不前,只有重拾"诗言志"的信条并赋予其新的涵义，才能将中国文学引向属于它自身的道路，周作人也因此反复强调，"诗言志"三字概括了中国文学的真正目标。基于此种二元模式，他还对中国文学史上的各个时期进行了大胆的重估，抬高了历来被视为偏离常轨的文学时期（例如魏晋六朝和晚明）的地位，明确道出他对传统文学的别择之"意"（关于此"意"，还可参看《我的杂学》第二至四节，尤其是第三节所述"非正宗的别择法"）。

《中国新文学的源流》起首泛论文学的根本问题，论及文学的起源时，周作人将之与宗教关联，认为文学是从宗教中脱化出来的（此种观点显然受益于剑桥仪式学派，早在作于1920年的《圣书与中国文学》一文里便已得到表述）。随后，他又以戏剧的发生为例，首先点明中国和希腊的相同所在：

> 如在中国古代的迎春仪式，其最初的目的就是要将春天迎接了来，以利五谷和牲畜的生长。当时是以为若没有这种仪式，则

冬天怕将永住不去，而春天也怕永不再来了……在希腊也如是。(《中国新文学的源流》第一讲)

但是，他根据哈里孙女士有关希腊戏剧起源的观点指出，希腊的春之神及五十侍从逐步演变为悲剧里的主角与合唱队，迎春仪式也演变为悲剧的演出，而戏剧也就从宗教仪式里脱化了出来。反观中国，令人诧异的是，希腊的情形并未发生，因为中国的迎春仪式历经千百年的流传，依旧是迎春仪式，并不曾演化为某种文学样式。希腊戏剧的例子让这两种文学传统之间的反差变得明朗：希腊文学正是依附于神话才脱离了仪式，但此种情形在中国并没有能够凭借神话之力发生。

这便是中国文学根源上的症结所在，既然神话不曾形成最根本的动力，文学唯有依赖"诗言志"传统才能与宗教脱离。于是，凭借"言志"与"载道"的两分法，周作人得以重估中国文学史："载道"的传统让文学完全服务于宗教（主要是礼教），而"言志"的传统则反向而行。新的生命力只能从文学作为"表现"及"言志"作为文学的自主疆域的观念当中迸发。这里所谓的"志"与儒家的道德准则和社会规范之"道"无关，而是指个体最为真实的思想感情，文学必须脱离外在的控制，忠实于表达个体的"情"。由是观之，正统的儒家思想与文学的自主发展及文学独有的思维方式背道而驰，不仅在古代，甚至在现代仍旧阻碍着"新文学"的成长。

若要发扬"言志"的传统，关键在于，"志"如何从符合儒家道德准则与社会规范的传统观念中脱离，转向个体的内在生活，个体最为本真的感受。沿着周作人的思路，我们或可借助古希腊文学的神话根源赋予中国文学的"言志"传统新的涵义。在古希腊，文学（艺术）脱胎于宗教，以"神话"为自主领地而成为神圣之物的疆域；降至后世，宗教开始没落，文学艺术便能站出来取代宗教。在中国，文学（艺术）受制于宗教（礼教及其他各类变种），其自主领地必然诉诸体现个体思想情感的自由之"志"，而"言志"

的文学要能代替宗教，其"志"必定要大大地拓展，直至承纳神圣之物。当包含个体真实思想感情的"志"的领域向外扩张，文学便会与宗教再度相遇。这里的"宗教"不应理解为有系统教义、有组织制度的意识形态，而是在教义与制度形成之前自然萌发于人心的"宗教情感"，譬如与神合一或与万物相往还的"神性体验"，对此类情感与体验的表达也要属于"志"的范畴，而且应当成为诗所言之"志"的终极目标。

文学一旦与宗教脱离，便走上了一条独立发展的道路，真正的目标在于维护思想的自由。事实上，文学滋养的正是一切思想得以生发的根源，此即人类情感的无垠疆域。文学以这些情感为对象，创造出一个自主无待的世界。这个世界不听命于任何思想派别，故而绝不"载道"，却独自守护着思想的自由。周作人发现，文学的这种功用最鲜明地体现在一些古希腊文人身上，他们甚至利用神话来质疑神话自身，推翻它的传统威权。因此，周作人又从希腊神话故事的翻译转向译介这些希腊文人的作品。

再遇神话

一九四九年以后,周作人开始了一项庞大的翻译计划。晚年周作人专注于翻译工作的外在原因,是由于抗战期间他留守北平时的"落水"及被捕入狱,而三年后获释的他,被禁止用真名发表任何作品。政府建议他从事翻译,以此为主要的收入来源。出乎意料的是,周作人对这一强制性的安排报以极大的热情,仿佛与他自己的某种内在需要不谋而合。他立即决定,翻译工作主要围绕古希腊经典和日本经典这两个毕生的兴趣进行。仅就古希腊经典而言,从一九四九年直至去世前一年的十五六年里,他陆续翻译了《伊索寓言》阿波罗多洛斯《希腊神话》(1950 至 1951 年第二次翻译)、希罗多德《历史》(译至第二卷九十八节因故中止)、欧里庇得斯的十三部悲剧、阿里斯托芬的喜剧《财神》以及路吉阿诺斯的二十篇对话。其中尤以欧里庇得斯和路吉阿诺斯的翻译与注释工作耗时最长,分别用去了七年(1950 年 11 月至 1957 年年底)和近三年(1962

年6月至1965年3月)的光阴。这些译文收入止庵编订的《周作人译文全集》(上海人民出版社,2012年)共十一卷的第一至第四卷(其中包含少量早先的译作),篇幅上与第五至第八卷所包含的日本文学译作相埒,皆有上百万字之谱。

不同于先前集中译介以阿波罗多洛斯为代表的古希腊神话集以及相关的文化人类学神话学说,周作人一生最后十五年的希腊神话翻译工作,重心落在欧里庇得斯和路吉阿诺斯的文学作品。这两位希腊作家的生活年代相距五百余年,他们的历史和文化情境差别巨大,但共通之处是对传统神话所持有的批评、讽刺乃至偶像破坏的态度。如果说翻译欧里庇得斯的悲剧还带有某种不得已的成分(当时经人民文学出版社的安排,周作人与罗念生、缪灵珠三人共同承担古希腊三大悲剧家的汉译,周分得欧里庇得斯),晚年的周作人对路吉阿诺斯的喜爱则完全出于自发,且喜爱之情可谓与日俱增。早在二十年代,他已经翻译了路氏的几篇对话(即收入1925年出版的《陀螺》一书《希腊小篇》里的三篇对话"大言""兵士""魔术",皆选自路氏的《娼女对话》,以及收入 1927 年出版的《冥土旅行》一书里的标题对话,此篇原名《上岸》),但当时的周作人视路氏为谛阿克列多斯和海罗达思等后古典希腊作家当中的一员,更为推重他们对市井坊间种种世相人情的生动描摹,尤其喜爱路氏作品里的辛辣讽世。彼时,他还翻译了谛阿克列多斯的类似作品五篇以及海罗达思的作品七篇,集为一册,题名《希腊拟曲》(1934 年出版)。此后,他曾多次表达要翻译路氏对话集的意愿,但因故一直搁置。晚年的周作人终于得偿夙愿,对此表示格外的重视也属人之常情。

然而,作于一九六五年四月二十六日,也就是他去世前两年的《遗嘱》里,他用寥寥数语总括自己一生的文学生涯,却笔锋一转赋予路氏对话集的翻译意想不到的重要性,做出如下令人费解的表述:

> 余一生文字,无足称道。唯暮年所译希腊对话,是五十年来的心愿,识者当自知

之。(但是阿波罗多洛斯的神话译本,高阁十余年尚未能出版,则亦是幻想罢了。)

《遗嘱》的定本作于"文化大革命"前夜,翌年红卫兵将会闯入周作人位于北京八道湾的住所,将其囚禁并施行"无产阶级专政"。周作人对于即将到来的动荡深有预感,因此非常明智地以"无足称道"四字了结自己一生的创作。但是,单独挑选出路氏对话的翻译作为自己最值得传世的成绩(可与之相提并论的唯有阿波罗多洛斯的《希腊神话》,但据编者钟叔河所云,括弧内有关阿波罗多洛斯的几句话为周作人后来添加),的确需要他心目中的"识者"做出解释。知名的周作人研究专家钱理群在当年轰动一时的《周作人传》末尾,引述以上的《遗嘱》,并语重情深地反问道:"但'识者'又在哪里呢?"(钱理群著,《周作人传》,北京十月文艺出版社,1990年,第587页)这声反问迄今仍在回响,等待着答复。

希腊神话的本色

周作人从归于路吉阿诺斯名下的八十余篇作品里挑选出具有代表性的二十篇进行翻译。他的选本以路氏最主要的四种对话集为首，随后是重要的单篇对话，最后还选译了小说和杂文。这个选本的编排顺序突出了"神话题材对话录"在路氏所有作品中的优先地位，其中最重要的是第一篇《诸神对话》（共26则小对话）、第二篇《海神对话》（共15则小对话）和第三篇《死人对话》（共30则小对话），其他还有第五、六、八、九、十诸篇（分别为《卡戎》《过渡》《宙斯被盘问》《宙斯唱悲剧》和《提蒙》），这些对话录合在一起占据了选本一半以上的篇幅。"神话题材对话录"指的是路氏借用传统的神话人物与主题来创作的讽刺性模仿作品，与另一类即"柏拉图式对话录"共同构成路氏对话录的两大类型。前者的内容取自荷马史诗、阿提卡悲剧和希腊化时期诗歌叙述的奥林坡斯众神的故事，但在路氏笔下，这些神明的言行具备凡人的种种弱点与缺陷，显得格外荒唐可笑。"这是作者的讽刺之所在，可是也可以说是希腊神话的本色"，第一篇"《诸神对话》引言"（1965）如是解释。这里所称道的"希腊神话的本色"，正从前文论及的诗人乃神话的创制者引申而来，由于诗人"爱美与富于人情"，他们创制的神话里的神明有着凡人的言动，与凡人亲近，而非高高在上。这方面一个特出的表现是，自荷马以降，希腊神话便包含强烈的讽刺性元素，尤其针对奥林坡斯众神，譬如《伊利亚特》第十四卷的"宙斯受骗之歌"和《奥德赛》第八卷的"阿芙洛狄特与阿瑞斯偷情之歌"，又譬如《荷马颂诗》第四首《致赫尔墨斯》，都把神明置于凡人一般的尴尬境地，引发其他神明和观众的粲然一笑，而这阵"荷马式大笑"却洋溢着健全的喜剧精神。

晚于荷马史诗近千年的路吉阿诺斯，又一次也是最后一次淋漓尽致地展现出希腊神话"与生俱来"的讽刺性元素，这让周作人击节赞赏。第一篇"《诸神对话》引言"接着说：

> 古来埃及,印度,以及希伯来的神们,非不伟大威严,但是太神圣了,这便是距离人间太远了,使人们觉得不好亲近,仿佛有一种异物之感。

写于同一时期的《愉快的工作》(1964)一文,同样将古希腊的宗教与以色列和埃及的宗教比较以后,得出这样的结论:

> 希腊的宙斯虽然也很是威严,但是他们(指希腊众神)却很有人情味,这是不由祭司所主持,没有神学的理论,完全由诗人们歌唱出来的宗教,所以经得起我们的赞美,以至于嘲弄。这末了的一部分,便是我近来的工作,我所认为较为满意的,因为我是在翻译路吉阿诺斯的《对话集》。

首先需要说明,周作人对于宗教的态度是开明的,他自认为是少信的人,不信奉任何宗教,但也不因此而无法同情宗教的信徒,更不至于要除灭宗教。宗教信仰乃是个人的事情，属于思想自由的领域，必须予以保障。早在1922年的"非宗教运动"当中，周作人就站在大多数"五四"知识分子的反对面，后来又发表了《关于非宗教》(1927)一文，对这场"非宗教运动"做了总结，重申宗教信仰的自由。这个态度周作人一直没有改变。由是观之，晚年的周作人专注于路吉阿诺斯（以及欧里庇得斯）的翻译，并不能理解为他用此种方式加入了时人对宗教的挞伐。

事实上，周作人翻译路吉阿诺斯《对话集》，看重的是体现了"希腊神话的本色"的讽刺元素。古希腊的众神不仅经得起诗人们的赞美，而且更经得起他们的嘲讽。这些神明生机勃勃充满活力，对他们的力量而言，讽刺的元素与赞美的元素同样重要。这两种元素相互激发，相互提升，因为只有经得起讽刺，众神才能证明自己的生气盎然，也才经得起更高的赞美。一味地赞美会令神明高高在上，他们所代表的"最高价值"也会定于一尊，逐渐失去内在的生命力，精神趋于萎缩，而讽刺的作用却恰恰在于刺激，让众神反观自己,也让我们反思他们所代表的"最高价值"。早在荷马史诗当中,我们已见到这两种元素并存的丰富证据,而"荷马众神"的这一特征深刻地影响了后世的希腊诗人,古风古典时期的颂歌诗人和讽刺诗人、悲剧诗人和喜剧诗人各自侧重赞美和讽刺的元素,但即便是颂歌和悲剧也不乏对众神的讽刺。终于在路吉阿诺斯那里,讽刺的元素又一次回光返照,而他生活于其中的希腊世界已然充斥着各种只许赞美严禁讽刺的宗教。路吉阿诺斯并没有把当时最为流行的宗教信仰和宗教组织,例如医神阿斯库拉皮奥斯信仰、冥神塞拉皮斯信仰或者基督教信仰作为嘲弄的对象。他对这些新兴的宗教信仰之所以保持沉默,是因为他的目的并非攻击宗教本身,而是承袭荷马传统里的讽刺元素,喜剧性地呈现奥林坡斯众神,以博取读者的会心一笑。他的"神话题材对话录"可视作希腊世界最后的努力,去复兴荷马众神向自己投以"荷马式大笑"的精神,那笑傲一切的"喜剧精神"。

  附于译文之后的"关于路吉阿诺斯"一文

（作于1965年）称路氏为古希腊"文苑中的一个奇异人物"，说他的一生可以归结为"非圣无法"四字。路吉阿诺斯的对话录向周作人呈现了如何在一个传统内部——对路氏而言，即从荷马到谛阿克列多斯的漫长文学传统——逆流而行，挥洒嬉笑怒骂的文字来戳穿膨胀了的"最高价值"，周作人用取自中国传统的"非圣无法"四字来形容这一方式，可谓深有用心："非圣无法"的精神能够唤醒逆传统的潜流来挑战威权；因此，让路吉阿诺斯的众神说汉语的翻译工作，旨在引发埋藏于中国传统内部的喜剧精神。

在这方面，周作人也做出许多努力，他的工作主要集中于"笑话"这个门类。早年对俗文学和民俗资料的收集就包含笑话，但去往民间从老百姓口头录下当时通行的笑话并不容易，于是他转向收集明清文人所编的笑话书而得三种，于1933年编成《苦茶庵笑话选》出版。后来又得到另一种笑话书，撰《笑赞》一文加以介绍（收入《立春以前》），1958年添加此书的《明清笑话四种》由人民文学出版社出版。他所作的编者"引言"勾勒出中国古代"笑话"这一文类的简史，描画其逐步式微"不见重于士夫而转流播于里巷"的原因，进一步讨论中国笑话的特质，寻索其中的"明朗性与健康性"。此种"明朗性与健康性"不同于传统戏剧里的乐天的团圆主义和肤浅的插科打诨，而是偶像破坏的"笑傲精神"及其形塑的"笑文化"。

神话之镜

从今天看来，周作人对阑、弗莱泽和哈里孙女士那一路的文化人类学神话学（如今通称"剑桥神话仪式学派"）的全盘接受，不无值得商榷之处。譬如，"剑桥神话仪式学派"从一切神话里见出宗教仪式来（主要是招纳和驱邪两类），这正如他们自己（以及服膺他们的周作人）所极力反对的"言语学派"（源于十九世纪初的印欧历史语言学）从一切神话里见出天象来，同样犯了单一解释的错误。其实，有相当一部分神话，背后并无任何仪式来源，也有另一些神话，起先很可能与仪式无关而独立发展,后来却与某个仪式附会起来;即便是有着仪式内核的神话,"剑桥神话仪式学派"轻易地将古希腊神话与近东神话还有世界各地的神话做出类比,把某位神明单独抽取出来,并将其神话与其他文化里的类似神话同化,却忽视不同神话所属的文化系统的特性,这也遭到了同属文化人类学进路的神话学家的诟病。例如,以列维-斯特劳斯和杜梅齐尔为代表的法国结构主义人类学,就明确反对孤立地考察某位神明,主张把每一位神明置放到所属的文化情境,以及所属的众神系统的关系网络当中来理解。神话学者应当首先在一种文化内部对性质相同的神话进行比较,分析神话传达讯息的方式即"符码"和"结构",从中推导出神话的意义,对神话加以解释。在此基础上,才能将这则或这组神话与其他文化系统里的类似神话进行比较,揭示出各自的特性和相互之间的差异,从而加深我们对其所属文化的认识。

不过,周作人不是神话学的专家,成为专家也从根本上与他的"杂学"精神抵牾。与古希腊神话的相遇，对周作人而言，意味着以神话为镜，鉴照古今中外的文化，看清其差异和特质，尤其是宗教对文化的掣制，为中国文化的别择引入外来的思想资源。一方面，古希腊神话如同世界各地的神话一样，构成科学知识的一个重要部门，透过文化人类学的眼光，让今人得以探究古人（以及今人自身）宗教信仰的实质；另一方面，神话在古希腊宗教里占据着突出的位置，它与崇拜仪式并举，取代了"教义"在其他宗教里的位置。作为"教义"的神话却完全用文学艺术的形式来表达，也因此被赋予文学艺术的精神。古希腊的宗教没有一部"圣典"，用来记载不可移易、不可置疑的"教义"，诗人和艺术家也非专门的神职人员，为宣扬和捍卫某种"教义"服务，更不从属于"教会"，听命于"教会"首领对"教义"的正统诠释。所以，古希腊神话的根本特质在于，它很早就向文学艺术转化，并由此造就了文学艺术的自主。此种特性最典型地体现于众神和英雄的神话世界，那是一个自主无待的世界，思想自由的世界，尤当神话转向挑战神明的威权之时。故此,围绕古希腊神话的西方古今之"知",为周作人从本土资源找寻别样的思想和思想方式提供了明确的参照物,得以借之搅动并激活那些被正统儒教思想所遮蔽与压抑的思想潜流——一种更具"健全的理性"与"深厚的人情"的生命精神。

艺文志·古典

《荷马史诗中的生与死》
[英]加斯帕·格里芬 著 刘淳 译 张巍 导读

《语文学：现代人文学被遗忘的源头》
[美]詹姆斯·特纳 著 聂渡洛 译

《古典的别择》
张巍 著

《探索中华学术》（修订本）
张文江 著

《史记今读》
黄德海 著

《诗的开端：如何理解〈诗经〉》
张定浩 著

图书在版编目（CIP）数据

古典的别择 / 张巍著. -- 上海：上海文艺出版社，2025. --（艺文志）. -- ISBN 978-7-5321-9258-8

Ⅰ. B502-53

中国国家版本馆CIP数据核字第2025NN2702号

出版统筹：肖海鸥
责任编辑：余静双
装帧设计：闵　仔
内文制作：常　亭

书　　名	:	古典的别择
作　　者	:	张巍
出　　版	:	上海世纪出版集团　上海文艺出版社
地　　址	:	上海市闵行区号景路159弄A座2楼　201101
发　　行	:	上海文艺出版社发行中心
		上海市闵行区号景路159弄A座2楼206室　201101　www.ewen.co
印　　刷	:	苏州市越洋印刷有限公司
开　　本	:	1092×787　1/32
印　　张	:	7.375
插　　页	:	3
字　　数	:	97,000
印　　次	:	2025年5月第1版　2025年5月第1次印刷
ＩＳＢＮ	:	978-7-5321-9258-8/J.639
定　　价	:	52.00元
告　读　者	:	如发现本书有质量问题请与印刷厂质量科联系　T: 0512-68180628